KB049925

책세상문고 · 고전의 세계

데카르트 철학의 원리

RENATI DES CARTES PRINCIPIORUM PHILOSOPHIAE

책세상문고 · 고전의 세계

데카르트 철학의 원리

RENATI DES CARTES PRINCIPIORUM PHILOSOPHIAE

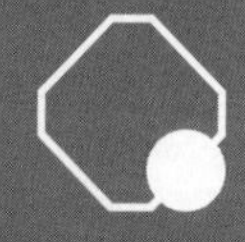

베네딕투스 데 스피노자 지음

·

양진호 옮김

책세상

일러두기

1. 이 책은 베네딕투스 데 스피노자Benedictus de Spinoza의 《데카르트 철학의 원리*Renati des Cartes Principiorum Philosophiae*》 제1부 전체와 부록 〈형이상학적 사유Cogitata metaphysica〉 중 6개 장을 번역한 것이다(정확한 원제는 주 1을 참조). 원문은 카를 겝하르트Carl Gebhardt가 편집한 《스피노자 전집*Spinoza Opera*》(Heidelberg: Winter, 1972) 제1권에 수록되어 있다. 본문 옆에 따로 표시한 숫자는 이 판의 쪽수를 가리킨다.
2. 번역을 위해 참고한 현대어 번역본은 주로 다음과 같다. (출판 연도순) B. de Spinoza, J. G. Prat (tr.), *Principes de la Philosophie de Descartes, œuvres complètes de B. de Spinoza*(Paris: Hachette, 1863)〔옮긴이주에서는 '프라'로 줄임〕; J. H. von Kirchmann (üb.), *Principien der Philosophie von Descartes, Spinoza's sämtliche Werke*, Bd. 2(Leipzig: Dürr, 1893)〔=키르히만〕; S. Sherley (tr.), *Principles of Cartesian Philosophy, Spinoza: Complete Works*(Indianapolis: Hackett, 2002)〔=셜리〕; W. Bartuschat (üb.), *Descartes's Prinzipien der Philosophie auf geometrische Weise begründet* (Hamburg: Meiner, 2005)〔=바투샤트〕.
3. 옮긴이주에서 라틴어 낱말의 용례나 역사, 어원 등을 설명하기 위해 참고한 사전류는 다음과 같으며, 이런 경우 별도의 문헌 사항을 밝히지 않았다. K. E. Georges, *Ausfürliches Handwörterbuch Lateinisch-Deutsch*(Hannover: Hahn, 1913/1918); A. Walde, *Lateinisches etymologisches Wörterbuch*(Heidelberg: Winter, 1938); S. S. *Munguía, Nuevo diccionario etimológico Latín-Español*(Bilbao: Universidad de Deusto, 2006).
4. 명사의 복수형은 특별히 복수의 의미를 살릴 필요가 없는 경우 단수형으로 변역하기도 했다. 예) principia philosophiae: 철학의 원리들/철학의 원리. fundamenta scientiarum: 학문들의 토대들/학문의 토대
5. 원문에서 강조, 직접·간접 인용 등은 모두 이탤릭체로 표시되었으나, 옮길 때는 고딕체와 큰·작은따옴표 등으로 구분했다. 길거나 복잡한 문장에서 의미를 분명히 해야 할 것은 작은따옴표로 묶기도 했다.
6. 본문에서 〔 〕 안의 내용은 독자의 이해를 돕기 위해 옮긴이가 써넣은 것이다.
7. 주는 모두 후주 처리했으며 스피노자의 글에서 저자의 주는 '(저자주)'로, 옮긴이의 주는 '(옮긴이주)'로 구분해 표시했다. 옮긴이주에서 →는 라틴어 사전의 표제어를, ←는 어원을 가리킨다.

데카르트 철학의 원리 | 차례

들어가는 말

《데카르트 철학의 원리*Renati des Cartes Principiorum Philosophiae*》[1]는 스피노자Benedictus de Spinoza가 생전에 자신의 이름으로 출판한 유일한 책이다. 이 책이 출판된 1663년은 스피노자가 암스테르담에서 《지성교정론*Tractatus de Intellectus Emendatione*》의 집필을 그만두고 레이던 대학 인근의 레인스뷔르흐로 이사한 지 2년이 되는 해이다. 데카르트René Descartes의 사상이 크게 유행하던 그곳에서 스피노자는 같은 하숙집에 살던 신학과 학생 카세아리우스Johannes Casearius에게 데카르트의 《철학의 원리*Principiorum Philosophiae*》 2부를 가르치게 되었다. 이를 위해 작성했던 교재에 다량의 원고를 추가하고 〈형이상학적 사유〉을 부록으로 실어 출판한 것이 바로 이 책 《데카르트 철학의 원리》이다.[2]

한편 이때 이미 스피노자는 그의 주저 《에티카*Ethica*》(1677)를 집필하고 있었다. 물론 이 책은 그의 사후에 출판된 《유고집*Opera Posthuma*》에 수록되어 세상에 알려졌지만,

이미 1663년에 《에티카》의 원고 일부가 친구들에게 전달되었다는 사실이 그의 편지를 통해 확인되고 있다. 따라서 이 책은 한편으로는 《지성교정론》에서 《에티카》로 건너가는 사이에, 다른 한편으로는 데카르트의 철학으로부터 그의 고유한 사상이 형성되어가던 시기에 집필된 것이다. 바로 이 점이 스피노자 철학의 발전사와 초기 근대 철학사에서 이 책이 차지하는 위치를 가늠케 한다.

이 번역서는 《데카르트 철학의 원리》 제1부 전문과 여기서 스피노자가 참고할 것을 권하고 있는, 부록 〈형이상학적 사유—일반 및 특수 형이상학에서 떠오르는 난제들에 대한 짤막한 해명〉 중 6개의 장을 발췌해 옮긴 것이다.

1부는 〈서론〉과 〈기하학적 증명〉으로 구성되어 있다. 집필 과정에서 가장 나중에 쓰인 것으로 전해지는 1부는 데카르트의 형이상학에 대한 비평적 또는 비판적 해설을 담고 있다.[3] 〈서론〉은 크게 두 부분으로 나뉘는데, 앞부분은 데카르트가 방법적 회의를 통해 '코기토cogito' 명제를 발견하는 과정을, 뒷부분은 스피노자 자신이 데카르트의 신 존재 증명과 순환 논증의 문제를 해결하는 과정을 기술하고 있다. 특히 이 뒷부분에서 스피노자는 《지성교정론》에서 거의 완성된 형태로 발견되는 '참된 방법'을 신 증명의 문제에 적용함으로써 데카르트 철학의 근본 입장에 대한 비판적 관점을 숨김없이 드러내고 있다. 〈해제〉에서 이 과정을 상세히 다루겠다. 이어지는 〈기하학적 증명〉은 데카르트의 형이상학적 원리를 정의, 공리, 정리를 사용해 기하학적 방식으로 증명하는 부분이다. 이런 방식은 본디 데카르트가《성찰 *Meditationes*》의 〈기하학적 논증〉[4]에서 사용했던 것이다. 스피노자는 이것을 텍스트로 삼아 몇 가지는 그대로 가져오거나 약간 변형했고 몇 가지는 새롭게 추가하면서 원래의 순서를 재배열했다. 특히 '주석'은 모두 새롭게 추가된 것이며 여기서 스피노자는 데카르트 철학에 대한 불만을 거침없이 드러내기도 한다. 두 텍스트 비교는 옮긴이의 주를 통해 밝혀두었다. 전체적으로 1부는 앞서 말한 이 책의 위치를 가늠하는 데에 더없이 유용한 텍스트이다.

〈형이상학적 사유〉은 이 책의 부록으로 수록되어 있지만 사실은 스피노자의 주저로 간주되어도 전혀 손색이 없는 독립적 텍스트이다.[5] 이 부록은 〈기하학적 증명〉과 달리 이런 저런 형이상학적 문제들을 그저 떠오르는 순서대로 써 내려간 것처럼 보이기 쉽다. 그러나 스피노자보다 조금 앞서 살았던 수아레스Francisco Suárez, 뷔르헤르스데이크Franco Burgersdijk, 헤르보르트Adriaan Heereboord 등의 저작들과 이 부록을 비교할 때 이러한 의구심은 해소된다.[6] 이 부록에서 스피노자는 스콜라 철학은 물론 당시 네덜란드의 데카르트주의를 주도하던 레이던 대학의 제도권 형이상학과 논쟁을 벌이면서 이들의 주제를 취사선택해 자신의 기획에 따라 새롭게 구성하고 있으며, 나아가 이러한 내용들은 마치 혈액이 공급되듯 《에티카》의 구석구석으로 재배치되고 있다. 《에티카》를 읽을 때 우리는 데카르트한테서 찾아볼 수 없는 많은 주제들을 발견하고는 이런 사상이 누구로부터 전승된 것인지, 누구를 겨냥하고 있는지 묻곤 하는데, 〈형이상학적 사유〉은 이러한 물음을 해결하는 데에 많은 단초를 제공할 것이다. 《에티카》로 이어지는 각각의 내용들은 옮긴이주를 통해 상세히 밝혀두었다.

이러한 중요성에도 불구하고 《데카르트 철학의 원리》는 이번에 처음 한글로 번역되었다. 스피노자 전집은 최근까지도 각종 현대어로 개정과 개역을 거듭하며 번역되고 있다. 가까이 있는 일본만 하더라도 이 책은 이미 1950년의 완역판부터 최근의 문고판[7]까지 출판되어 있다. 이러한 실정에 비추어볼 때 국내의 스피노자 연구는 확실히 《에티카》에 치중되어 있다. 그러나 과연 《에티카》 연구는 《에티카》만으로 충분한가? 이에 대한 답변은 우리가 《에티카》를 읽으면서 풀지 못하고 미루어두었던 문제들을 다시 떠올릴 때 이루어진다. 어떻게 스피노자는 코기토도 아닌, 신의 실존도 아닌, 신의 관념으로부터 자신의 탐구를 시작할 수 있었을까? 또한 우리는 어떻게 참된 관념이나 가장 완전한 존재자의 관념을 가지고 있다는 것인가?… 이는 사실상 스피노자 철학 전체에 대한, 아니 스피노자 자신의 근본 물음이지만 《에티카》 안에서는 해명되지 않는, 체계 밖을 향한 물음이기도 하다. 초기 저작의 연구는《에티카》의 숨겨진 반쪽 또는 제0부를 찾는 유일한 길이다.

처음 소개되는 만큼 〈해제〉 구성에 고민이 많았다. 장고 끝에 악수일지는 모르겠으나, 옮긴이는 스피노자의 사상 전체를 소개하거나 텍스트를 요약하는 방식 대신에, 철학사를 관통하고 있는 몇 가지 근본 개념들을 흩뿌리면서 이를 통해 독자가 직접 텍스트를 해독할 수 있도록 명시적으로 또는 암시적으로 안내하는 방식을 택했다. 〈해제〉가 큰 안목을 제공한다면, 옮긴이주는 세부적인 이해를 도울 것이다. 옮긴이주는 내용상 크게 세 가지로 구분된다. 우선 스피노자 특유의 글쓰기 방식 때문에 이해하기 어렵다고 여겨지는 부분들을 풀어쓰거나 요약하는 경우, 다음으로 낱말의 어원, 용례 등을 제시함으로써 어떻게 일상적인 용어로부터 철학적 용어들이 형성되었는지를 간략하게 설명하는 경우, 마지막으로 본문과 관련해 비교, 대조할 만한 문헌(스피노자의 다른 저서 및 데카르트와 그 밖의 철학자들의 저술)을 지시하는 경우. 그러니 〈해제〉를 먼저 읽고 본문으로 들어가 필요할 때마다 주를 참조하는 것도 이 책을 읽는 좋은 방법 가운데 하나일 것이다. 또한 이 책에 앞서 책세상 '고전의 세계'에서 선보인 스피노자의 저작《에티카》와《신학-정치론*Tractatus Theologico-Politicus*》의 해제를 참조하는 것도 좋은 방법일 것이다. 두 해제는 스피노자의 삶, 사상, 현대적 의의 등을 충실히 소개하고 있다.

거칠기 짝이 없는 원고가 세상에 나올 수 있도록 보살펴준 책세상 편집부에 깊은 감사의 말씀을 전한다. 이번 번역이 스피노자 초기 저작의 중요성을 환기시키고 이 책의 완역판과 더불어 《지성교정론》의 개역판을 조금이라도 앞당기는 계기가 되었으면 하는 바람이다.

옮긴이 양진호

제1부

서론

정리들과 이에 대한 증명들에 곧바로 들어가기에 앞서, 데카르트가 왜 모든 것에 대해 의심했는지, 어떤 방식으로 학문의 견고한 토대를 발견해냈는지, 마지막으로 어떤 수단으로 모든 의심스러운 것들로부터 해방되었는지를 책머리에 보이는 것이 좋겠다. 우리는 이 모든 것을 수학적 순서에 따라 정리하지는 않았다.[8] 이에 소요되는 장황함이 자칫 그림처럼 한눈에 보아야 할 모든 것을 잘 파악하지 못하도록 방해할 것이라고 판단했기 때문이다.

데카르트는 사물을 탐구하면서 최대한 주의를 기울이며 진행하기 위해 다음 네 가지를 시도했다.

1. 모든 선입견 버리기.
2. 모든 것을 올려 세울 토대 찾기.

3. 오류의 원인 밝히기.

4. 모든 것을 맑고 또렷하게[9] 인식하기.

그런데 그는 첫째, 둘째, 셋째를 얻기 위해 모든 것을 의심 속으로 불러들이는 일에 착수했다. 그러나 의심 말고는 다른 어떠한 것도 목표로 삼지 않았던 회의주의자Scepticus와는 달리, 데카르트는 모든 선입견으로부터 마음을 해방시켜서 마지막에는 확실하고 흔들리지 않는 학문의 토대를 발견하고자 했다——만일 이런 것이 있었다면 이 〔의심의〕 방식에 의해 그의 눈길을 피할 수 없었을 것이다. 왜냐하면 학문의 참된 원리는, 어떠한 검증도 필요로 하지 않고 모든 의심의 위협 밖에 놓여 있으며 그것 없이는 아무것도 증명되지 않을 만큼, 명백하고 확실해야 하기 때문이다. 그리고 그는 오랜 의심 끝에 이러한 원리를 발견한다. 이 원리를 발견하고 나자, 참을 거짓으로부터 구분하는 일과 오류의 원인을 밝히는 일, 나아가 거짓되고 의심스러운 것을 참되고 확실한 것으로 간주하지 않도록 주의하는 일은 그에게 어렵지 않았다.

142

그런데 넷째이자 최종 목표를 성취하기 위해, 즉 모든 것을 맑고 또렷하게 인식하기 위해, 그가 규칙으로 삼은 것은, 모든 복합 관념을 구성하고 있는 단순 관념들을 모두 열거하여 무엇이든 낱낱이 검토하는 것이었다. 왜냐하면 단순 관념들을 맑고 또렷하게 지각할 수 있다면, 이 단순 관념들로 이루어진 그 밖의 모든 관념들도 똑같이 맑고 또렷하게 의심의 여지 없이 인식할 수 있기 때문이다. 이것들을 미리 보였으니, 이제는 어떻게 그가 모든 것을 의심 속으로 불러들였는지, 어떻게 참된 학문의 원리를 찾았는지, 또한 어떻게 의심의 난관들로부터 자신을 구출했는지를 간단하게 설명해보자.

모든 것에 대한 의심

그리하여 첫 번째로 데카르트는 감각으로부터 받아들인 모든 것, 즉 하늘과 땅과 그와 비슷한 것들, 나아가 자신의 신체까지, 그러니까 그가 이제껏 자연계에 속한다고 여겨왔던 모든 것을[10] 마음속에 떠올렸다. 그리고 그는 이것의 확실성을 의심한다. 왜냐하면 그는 감각이 자신을 가끔씩 속여왔다는 것을 알고 있었고, 잠잘 때 자기 밖에 많은 것들이 참으로 실존한다고 자주 확신했다가 나중에 이러한 것들에 자신이 속았다는 것을 깨달은 적이 있으며[11], 끝으로 어떤 사람들이 깨어 있는 상태에서도 오래전 잘려나간 손발에서 고통을 느낀다고 주장하는 것을 들은 적이 있기 때문이다.[12] 따라서 그는 자기 신체의 실존에 관해서도 근거를 가지고 의심할 수 있었다. 그리하여 그가 이 모든 것으로부터 참되게 결론내릴 수 있었던 것은, 감각은 의심으로 불러들여질 수 있기 때문에 모든 학문을 올려 세울 가장 확실한 토대가 아니고 확실성은 오히려 우리가 더 확신할 수 있는 다른 원리에 기대어 있다는 것이었다. 이러한 원리를 계속 탐색하기 위해서, 그는 두 번째로 사물의 〔공간상〕 펼침extensio[13], 형태, 크기 등과 같이 물체의 본성에 공통으로 속하는 모든 보편적인 것들과 심지어 모든 수학적 진리들까지 마음속에 떠올렸다. 그리고 이것들이 감각으로부터 얻은 모든 것들보다 더 확실해 보이긴 했지만, 그는 이에 대한 의심의 근거ratio dubitandi를 발견한다.[14] 왜냐하면 다른 사람들이 이런 경우에도 오류를 범했고, 특히 그의 정신에는 '모든 것을 할 수 있는 신이 있다. 그는 지금 있는 바대로 나를 창조했다. 따라서 그는 어쩌면 내가 지극히 명증하게 보고 있는 것들에 관해서조차 속도록 나를 설계했는지도 모른다'고 하는 오래된 견해가 뿌리 박혀 있었기 때문이다.[15] 그리하여 그는 이런 방식으로 모든 것을 의심 속으로 불러들였던 것이다.

143

모든 학문의 토대 발견

그러나 학문의 참된 원리를 발견하기 위해서, 그는 이후로 과연 자신의 생각 아래에 놓일 수 있는 모든 것을 의심 속으로 불러들였는지 검토했고, 이로써 혹시 아직 의심하지 않은 무언가가 남아 있는 것은 아닌지 찾아내려 했다. 그는 그렇게 의심하면서 앞선 근거들은 물론, 다른 어떤 근거에 의해서도 의심받을 수 없는 무언가를 찾을 수 있다면, 그것을 자신의 모든 인식을 올려 세울 토대로 확정하리라고 정당하게 결정했다.[16] 그리고 알다시피 그는 모든 것을, 즉 감각을 통해 받아들인 것들뿐 아니라 오로지 지성에 의해 지각했던 것들까지 똑같이 의심했음에도 불구하고 발견하려 했던 것이 남아 있었으니, 그것은 확실히 그렇게 의심하고 있는 자기 자신, 그러나 머리나 손, 그 밖의 신체 기관들로 이루어져 있는 자기 자신이 아니라 ―― 이것에 대해서는 의심할 수 있었기 때문에 ――, 오로지 의심하고 생각하는 등의 자기 자신이었다. 그리하여 그는 이것을 엄밀하게 검토하면서 자신이 앞서 말한 그 어떤 근거들에 의해서도 이것을 의심할 수 없다는 사실을 깨달았다. 왜냐하면 자면서 생각하든 깨어서 생각하든 그는 생각하고 그러므로 그는 있기 때문이다.[17] 그리고 다른 사람들, 아니 이미 그 자신도 다른 경우들에서 오류에 빠지곤 했지만, 그렇다 하더라도 그들은 실수하기 때문에 있다. 또한 자신이 속는다고 가정하는 동안에도 자신이 있다는 것을 인정할 수밖에 없기에, 그는 자기 본성의 지은이가 이러한 경우마저 자신을 속일 만큼 교활하다고 꾸며낼 수도 없다. 또한 마지막으로 그는 다른 어떤 의심의 근거도 생각해낼 수 없었고, 동시에 그로 하여금 자기 실존에 관하여 더없이 확신하지 못하도록 만드는 근거를 제시할 수도 없었다. 도리어 의심의 근거들이 제시되면 될수록,

그의 실존에 관하여 그를 확신시키는 반론들이 더 제시되었

144 다. 따라서 자신을 아무리 의심 속으로 되던져놓아도 그는 이렇게 외칠 수밖에 없었다. "나는 의심한다, 나는 생각한다, 그러므로 나는 있다."[18]

그리하여 이 진리를 발견함과 동시에, 그는 모든 학문의 토대뿐만 아니라, 다른 모든 진리들의 척도와 규칙까지 발견했다. 즉 "이것만큼 맑고 또렷하게 지각된 모든 것은 참이다".[19]

참으로 이것 말고는 다른 어떤 것도 학문의 토대가 될 수 없다는 것은 앞선 것들에 의해 충분하고도 남을 만큼 명증하다. 왜냐하면 그 밖의 모든 것들은 우리가 너무 쉽게 의심 속으로 불러들일 수 있지만, 이것은 결코 그럴 수 없기 때문이다. 그런데 이것에 관해 여기서 정말이지 다른 무엇보다 주목해야 할 것은 "나는 의심한다, 나는 생각한다, 그러므로 나는 있다"라는 말이 대전제가 생략된 삼단논법이 아니라는 점이다. 왜냐하면 만일 그것이 삼단논법이라면, 전제들이 "그러므로 나는 있다"라는 결론 자체보다 더욱 명증하게 알려져야만 할 것이고, 그리하여 "나는 있다"는 모든 인식의 첫 번째 토대가 아닐 것이기 때문이다. 게다가 이것은 확실한 결론이 아닐 것이다. 왜냐하면 그것의 진리는 전제되어 있는 보편적 명제들에 기대어 있는데, 그는 이것을 이미 의심했기 때문이다. 이러한 까닭에 "나는 생각한다, 그러므로

나는 있다"는 단일한 명제unica propositio이며, "나는 생각하는 동안 있다"[20]와 같은 뜻이다.[21]

나아가 앞으로 논의할 때 헛갈림을 피하기 위해(맑고 또렷하게 통찰하는 것이 관건이므로), 우리는 우리가 무엇인지 알아야 한다. 만일 이것을 맑고 또렷하게 인식한다면 우리는 우리의 본질을 다른 것과 헛갈리지 않을 것이기 때문이다. 그리하여 우리의 저자는 우리가 무엇인지를 앞선 것들로부터 도출하기 위해 다음과 같이 계속 나아간다.

그는 이전에 자신에 관해 가지고 있던 모든 인식, 예컨대 자신의 영혼이 마치 바람이나 불, 공기같이 미묘한 것으로서, 자신의 투박한 신체 기관에 퍼져 있다는 것, 그리고 영혼보다는 신체가 자신에게 더 명증하고 더 맑고 또렷하게 지각된다는 것을 기억 속에 떠올렸다.[22] 그래서 그는 이 모든 것들이 지금까지 자신이 이해한 것들과 명백히 충돌을 일으킨다고 판단했다. 왜냐하면 자신의 신체에 관해서는 의심할 수 있지만, 생각하는 동안 자신의 본질에 관해서는 그럴 수 없었기 때문이다. 게다가 그는 이것들을 명석하지도 판명하지도 않게 지각했고, 따라서 자기 방법의 지침에 따라 이 거짓된 것들을 거부해야만 했다. 따라서 그러한 것들은 이제껏 그가 자신을 의식하는 동안 자신에게 귀속하지 않는다는 것을 알았기 때문에, 그는 계속해서 무엇을 의심 속으로 불러들일 수 없었는지, 무엇 때문에 자신이 실존한다고 결론

145

내릴 수밖에 없었는지를 탐구했다. 그런데 이는 "그가 속지 않으려 조심하고자 했다는 것, 그가 많은 것을 알고자 애썼다는 것, 그가 이해할 수 없던 모든 것을 의심했다는 것, 지금까지 오직 하나만 인정했다는 것, 그 밖의 모든 것은 부정하면서 거짓된 것으로 거부했다는 것, 마지막으로 많은 것을 감각에서 비롯된 것으로 간주했다는 것" 때문이다. 또한 그는 이 각각의 것들로부터 똑같이 명증하게 자신의 본질을 얻어낼 수 있었고, 이들 가운데 그 어떠한 것도 의심했던 것들 중에서는 찾을 수 없었으며, 끝으로 이 모든 것들이 동일한 속성〔=생각〕 아래에서 파악될 수 있었기 때문에, 그는 이 모든 것들이 참이며 자신의 본성에 속한다고 결론 내렸다. 따라서 그는 "나는 생각한다"고 말하면서 생각cogitare의 모든 양태, 즉 "의심, 이해, 긍정, 부정, 의욕, 거부, 상상, 감각"[23]을 이해했다.

그런데 여기서는 다른 무엇보다 우리가 나중에 정신을 육체로부터 구분할 때 아주 유용하게 쓰일 것에 주목해야 한다. 1. 이 생각의 양태들은 의심의 여지 없이 맑고 또렷하게 파악된다는 것. 2. 우리는 이것들에 대한 맑고 또렷한 개념을 가지고 있고, 만일 이 양태들에 아직 의심의 여지가 있는 어떤 것들을 섞어놓으려 한다면, 그 개념은 흐릿하고 헛갈리는 것obscurus & confusus으로 되돌아간다는 것.

모든 의심으로부터의 해방

마지막으로 그는 의심 속으로 불러들였던 것들에 대해 다시 확신하고 모든 의심을 제거하기 위해, 가장 완전한 존재자의 본성과 그런 것이 실존하는지를 계속 탐구한다. 왜냐하면 그가 모든 것을 생산하고 존속시키는 힘을 지닌 가장 완전한 존재자의 실존을 파악하고 그런 존재자의 본성이 사기꾼이라는 것과 모순을 일으킬 때, 비로소 그가 자신의 원인을 몰라서 지니고 있던 의심의 근거가 제거되기 때문이다. 왜냐하면 그는 참과 거짓을 구분하는 능력이 자신을 속이기 위해 신으로부터 주어진 것이 아니라는 사실을 알게 되기 때문이다. 나아가 그는 수학적 진리들, 즉 자신에게 가장 명증하게 보이는 모든 것을 더 이상 의심할 수 없게 된다.[24] 그런 다음 그는 의심의 또 다른 원인을 제거하기 위해 146 계속해서 묻는다. '우리가 가끔씩 오류에 빠지는 것은 도대체 무엇 때문인가?' 이것이 우리가 자유 의지를 한갓 헛갈리게 지각한 것들까지 동의하는 데에 사용하기 때문이라는 것을 깨닫자, 그는 곧바로 맑고 또렷하게 지각한 것들에만 동의한다면 앞으로는 오류를 피할 수 있다고 결론 내릴 수 있었다. 이것은 누구든지 혼자서 쉽게 성공할 수 있다. 왜냐하면 누구에게나 의지를 절제하는 능력, 다시 말해 의지를 지성의 한계 안에 머물게 할 권한potestas efficiendi이 있기 때문이다.[25] 그런데 우리는 어렸을 때부터 좀처럼 벗어나기 어려운 선입견을 많이 가지고 있기 때문에 거기서 벗어나기 위해서, 또한 우리가 맑고 또렷하게 지각하지 않았을 경우 그 어떠한 것도 받아들이지 않기 위해서, 그는 계속해서 우리의 모든 생각을 구성하고 있는 단순한 개념들과 관념들을 열거했고, 각각 어떤 것이 명백하고 어떤 것이 흐릿한지 통찰하기 위해 이것들을 낱낱이 검사했다. 실제로 그는 이렇게 명백한 것을 흐릿한 것으로부터 쉽게 구분할 수 있었고, 이어 맑고 또렷한 인식을 형성해낼 수 있었으며, 따라서 영혼과 신체 사이의 실재적 구분, 즉 우리가 감각으로부터 얻은 것들 가운데 무엇이 명백하고 무엇이 흐릿한지, 끝으로 어떤 점에서 꿈과 깨어 있음이 다른지를 쉽게 발견할 수 있었다.[26] 그렇게 해서 그는 자기가 깨어 있음을 의심할 수 없었고 더는 감각 때문에 오류에 빠지지 않을 수 있었다. 그는 이런 방식으로 앞서 말한 모든 의심들로부터 해방되었다.

순환 논증과 해결[27]

그런데 여기서 끝을 맺기에 앞서, 다음과 같이 논증하는 사람들을 만족시키는 것이 좋겠다. '신이 실존한다는 것이 우리에게 그 자체로per se 알려지지 않기 때문에, 우리는 결코 아무것도 확신할 수 없는 것처럼 보인다. 또한 신이 실존한다는 것은 결코 우리에게nobis 〔추론을 통해서도〕 알려지지 않는다. 왜냐하면 (우리가 우리의 근원origio을 모르는 한 모든 것이 확실하지 않다고 말했으므로) 이런 불확실한 전제들로부터는 아무것도 확실하게 결론 내릴 수 없기 때문이다.'[28]

이러한 난점을 제거하기 위해 데카르트는 다음과 같은 방식으로 대답한다. '우리는 우리의 근원을 만든 이가 우리에게 너무도 명증하게 보이는 것들에서도 속도록 우리를 창조했는지 결코 알지 못한다는 것을 근거로, 그 자체로든 아니면 집중하는 동안의 추론에 의해서든 우리가 맑고 또렷하게 인식하는 것을 결코 의심할 수 없다. 오히려 우리가 의심할 수 있는 것은, 우리가 이전에 참이라고 증명했고 이것을 추론한 근거들을 잊어버린 뒤 거기에 더 이상 집중하지 않은 채로 기억할 수 있는 것들이다. 그런 까닭에 신이 실존한다는 것이 그 자체로든 다른 것에 의해서든 결코 알려질 수 없다 하더라도, 신의 실존을 추론할 수 있었던 모든 전제에 최대한 정확하게 집중한다면, 우리는 이에 대한 확실한 인식에 도달할 수 있다.'《철학의 원리》 1부 13항,《성찰》의 〈대답 2〉 세 번째,〈성찰 5〉 마지막을 보라.

147

그런데 이런 대답이 사람들을 제대로 만족시키지 않기 때문에, 나는 다른 것을 제시하겠다.[29] 앞서 우리 실존의 확실성과 명증성에 관해 말했을 때 보았던바, 우리가 이것(=우리 실존의 확실성)을 추론해냈던 근거는, 우리가 정신의 눈을 어느 곳으로 돌리든, 우리의 실존을 확신하지 못하게 하는 의심의 근거를 아무것도 발견하지 못했다는 사실이다——우리 고유의 본질에 주목하든, 우리 본성의 지은이가 교활한 사기꾼이라고 인정하든, 끝으로 우리 외부에서 우리가 이제껏 한 번도 인식할 수 없었던 그 어떤 다른 의심의 근거를 가져오든 간에. 왜냐하면 예컨대 우리가 삼각형의 본성을 주목하면 세 각이 두 직각과 같다고 결론 내릴 수밖에 없지만, 이 똑같은 결론을 우리 본성의 지은이가 우리를 속일지도 모른다는 가정으로부터는 이끌어낼 수 없는 반면, 바로 이 가정으로부터 우리의 실존은 아주 확실하게 추론할 수 있기 때문이다. 이러한 까닭에 우리는 '정신의 눈을 어디로 향하든지 삼각형의 세 각은 두 직각과 같다'고 결론 내려서는 안 된다. 오히려 우리는 신이 사기꾼이라고 간주할 수 없도록 만드는 신의 관념을 가지고 있지 않은 까닭에 〔삼각형의 본성에 대한〕 의심의 근거를 발견하는 것이다. 왜냐하면 신에 대한 참된 관념을 가지고 있지 않은 사람은 (지금은 가지고 있지 않다고 가정하자) 삼각형의 관념을 가지고 있지 않은 사람이 '세 각이 두 직각과 같다는 것'과 '두 직각과 같지 않다는 것'을 똑같이 생각하기 쉬운 것처럼, '자기 본성의 지은이가 사기꾼이라는 것'과 '사기꾼이 아니라
148
는 것'을 똑같이 생각하기 쉽기 때문이다. 따라서 우리가 지닌 삼각형의 관념이 우리로 하여금 그 세 각이 두 직각과 같다고 결론 내리도록 강제하듯이, 우리로 하여금 '신이 최고

로 참되다'를 긍정하게 만드는, 신에 대한 맑고 또렷한 관념을 가지지 않는 한, 아무리 그 증명에 제대로 집중한다 하더라도 우리는 우리의 실존 이외에 다른 어떤 것도 확신할 수 없다는 것을 받아들여야 하는 것이다.[30]

그러나 그렇다고 해서 우리가 사물에 관하여 아무것도 인식할 수 없는 것은 아니다. 왜냐하면 앞서 말한 모든 것으로부터 명백한바 신은 우리로 하여금 '그가 사기꾼이라는 것'과 '사기꾼이 아니라는 것'을 똑같이 생각하기 쉽도록 우리를 설계해놓지 않았고, 오히려 우리는 우리로 하여금 그가 가장 참되다고 단언하도록 강제하는, 신의 개념을 형성해낼efformare[31] 수 있기 때문이다——문제 전체의 핵심이 바로 여기서 전복된다. 왜냐하면 우리가 이런 관념을 형성해낸 그때, 저 수학적 진리들에 관한 의심의 근거가 사라질 것이기 때문이다. 왜냐하면 이제는 이들 가운데 어떤 것을 의심하기 위해 정신의 눈을 어디로 돌리든지, 우리는 그것이 우리 실존의 경우와 마찬가지로 충분히 확실하다고 결론을 내리지 못하게 하는 어떠한 근거도 발견하지 못하기 때문이다. 예컨대, 만일 내가 신의 관념을 발견한 뒤에 신의 관념에 주목한다면, 이 관념은 우리로 하여금 '그는 가장 참된 자요 우리 본성의 지은이이자 지속적 보존자이므로, 이 같은 진리를 두고 우리를 속이지 않는다'는 것을 긍정하도록 강제할 것이다. 다른 한편 삼각형의 본성에 주목한다면, 이것의 관념은 우리로 하여금 세 각이 두 직각과 같다는 것을 긍정하도록 강제할 것이다. 또한 우리가 신의 관념을(이제는 발견했다고 가정하자) 주목할 때 그가 사기꾼이라고 생각하는 것은, 삼각형의 관념에 주목할 때 그 세 각이 두 직각과 같지 않다고 생각하는 것 못지않게 불가능할 것이다. 그리고 우리 본성의 지은이가 우리를 속이는지 아닌지를 모른다 하더라도 우리가 그러한 삼각형의 관념을 형성할 수 있는 것처럼, 우리 본성의 지은이가 모든 것에서 우리를 속이는지 아닌지를 의심하고 있다 하더라도, 우리는 신에 대한 관념 또한 명백하게 만들 수 있다. 그리고 우리가 어떤 식으로 획득했든 이 관념을 가지고 있기만 하다면, 이미 보았다시피 이것은 모든 의심을 제거하기에 충분할 것이다.[32]

149 그러므로 나는 앞선 문제에 대하여 이렇게 답하겠다.[33] '우리가 신의 실존을 알지 못하는 한에서가 아니라(왜냐하면 이 문제에 관해서 나는 언급한 적이 없기 때문이다), 신에 대해 아무런 맑고 또렷한 관념도 가지고 있지 않는 한에서, 우리는 아무것도 확신할 수 없다. 따라서 누군가 나를 반박하고자 한다면 그는 다음과 같이 논증해야 할 것이다. '우리는 신에 대한 맑고 또렷한 관념을 가지기 전까지 아무것도 확신할 수 없다. 그런데 우리 본성의 지은이가 우리를 속이는지 아닌지 알지 못하는 한 우리는 그것을 가질 수 없다. 따라서 우리는 우리 본성의 지은이가 우리를 속이는지

아닌지 알지 못하는 한에서 아무것도 확신할 수 없다.' 이런 논증에 대답하자면, 나는 대전제만 받아들이고 소전제는 거부한다. 왜냐하면 우리 본성의 지은이가 우리를 속이는지 아닌지 모른다 하더라도, 우리는 삼각형에 대한 맑고 또렷한 관념을 가지고 있기 때문이다. 그리고 앞서 말한 바와 같이, 그러한 신의 관념을 우리가 가지고 있기만 하다면, 우리는 결코 그의 실존에 관해서도, 수학적 진리에 관해서도 의심할 수 없을 것이다.

서론은 이 정도로 하고, 이제 본론으로 들어가 보자.

기하학적 증명[34]

정의[35]

1. 그런cogitatio이란, 우리 안에 있는 모든 것이자 우리가 직접immediatè 의식하는 모든 것이다.[36]

그리하여 의지, 지성, 상상력, 감각이라는 모든 작용이 생각이다. 그러나 나는 "직접"이라는 말을 첨가해, 생각으로부터 귀결되는 것은 제외하고자 했다. 예컨대 자발적 운동은 생각을 단초principium로 삼지만, 바로 그것이 생각은 아니다.[37]

2. 관념idea이란, 모든 생각의 형상forma이며 우리는 이 형상을 직접 지각함으로써 생각 그 자체를 의식한다.[38]

따라서 (내가 말한 것을 내가 이해한다면) 내가 표현할 수 있는 것은, 이 말〔=정의 2〕이 뜻하는 바의 관념을 내가 가지고 있고 이것이 그 자체로 확실하다는 것뿐이다. 그러므로 나는 상상력phantasia 안에서 그저 모사된 그림들imago을 관념이라 부르지 않는다. 정확히 말해 내가 여기서 관념이라고 부르는 것은 신체적 상상력, 즉 두뇌의 한 부분에서 모사된 것들이 아니라, 두뇌의 그 부분을 주목하고 있는 정신 자체에 자신의 형상을 전해주는informare[39] 것들이다.

150 3. 관념의 표상적 실재성이란, 어떤 사물이 관념 속에 있는 한에서 이 관념에 의해 표상된 그 사물의 본질이다.[40]

또한 같은 방식으로 표상적 완전성이나 표상적 기술[41] 등이 이야기될 수 있다. 왜냐하면 우리가 관념의 대상 안에 있는 것으로 지각한 모든 것은 바로 그 관념 안에서 표상적이기 때문이다.

4. 이렇게 관념의 대상 안에 있는 것이 우리가 지각하는 그대로 관념의 대상 안에 있다면, 우리는 그것이 그 대상 안에 형상대로 있다고 말한다. 또한 단지 그렇게 있는 것이 아니라, 우리가 지각한 것의 자리를 대신하고도 남는다면[42], 우리는 그것이 그 대상 안에 우월하게[43] 있다고 말한다.

원인이 그 결과의 완전성들을 "우월하게" 지니고 있다는 말은, 원인이 결과의 완전성들을 이 결과가 지니고 있는 것보다 더 월등하게[44] 지니고 있다는 뜻임에 주목하라. 또한 공리 8을 보라.

5. 우리가 지각하는 어떤 것, 즉 성질이든 속성이든 어떤 고유성[45]의 실재적 관념이 우리 안에 있고, 이것이 마치 주

체subjectum[46]에 귀속되듯 한 사물에 직접 귀속되어 있다면, 즉 이 사물에 의해 실존한다면, 이러한 사물은 모두 실체이다.[47]

정확히 말하자면 우리는 사실 다음과 같은 실체의 관념만 가지고 있다. 우리가 지각하는 것, 즉 우리의 관념들 중 하나에 표상적으로 있는 것이 한 사물 안에서 형상대로 또는 우월하게 실존할 때, 이 사물은 실체이다.

6. 어떤 실체에 생각이 직접 귀속되어 있다면, 이러한 실체는 정신mens이다.[48]

그런데 여기서 나는 영혼이라기보다는 정신에 관해 말하고 있다. 왜냐하면 영혼이라는 이름은 뜻이 많고, 자주 물체적 사물res corporea에 맞대어 쓰이기 때문이다.[49]

7. 어떤 실체가 〔공간상〕 펼침의 직접적 주체[50]이자, 이 펼침을 전제하고 있는 속성(모양, 장소, 위치 이동 등)의 직접적 주체라면, 이러한 실체는 물체corpus이다.

그러나 정신과 신체라고 일컬어지는 실체가 하나이자 같은 실체인지, 아니면 구분되는 두 실체인지는 나중에 다룰 것이다.[51]

8. 우리가 어떤 실체를 그 자체로[52] 가장 완전한 것으로 파악하고, 거기에 확실히 아무런 결함, 즉 완전성의 한계가 없다고 파악한다면, 이러한 실체는 신Deus이다.[53]

9. 어떤 것이 한 사물의 본성, 즉 개념conceptus에 포함되어 있다는 것은 그것이 이 사물에 관하여 참이라는 것, 즉 이것

에 관하여 참되게[54] 주장될 수 있다는 것과 같은 것이다.

10. 두 실체 가운데 어느 하나가 다른 하나 없이 실존할 수 있다면, 이것들은 실재적으로realiter 구분된다.[55]

여기서 데카르트의 공준들은 제외한다.[56] 왜냐하면 우리가 이어지는 내용에서 그것들로부터 이끌어낼 것이 아무것도 없기 때문이다. 그렇지만 독자들은 그것들을 통독하고 주의 깊게 성찰함으로써 숙고하기를 진심으로 바란다.

공리[57]

1. 알려지지 않은 것의 인식과 확실성에 도달하기 위해서, 우리는 확실성과 인식에서 볼 때 그보다 먼저 〔알려져〕 있는 다른 것의 인식과 확실성을 거쳐야 한다.[58]

2. 우리로 하여금 우리 신체의 실존을 의심하게 하는 근거들이 있다.

이것은 사실상 서론에서 밝혀졌으므로 여기서 공리로 받아들인다.

3. 우리가 정신과 신체 이외에 다른 어떤 것을 가지고 있다면, 그것은 우리에게 정신과 신체보다 덜 명증하다.[59]

주목해야 할 점은, 이 공리들이 우리 외부의 것에 대해서가 아니라, 우리가 생각하는 것으로서 우리 안에서 발견하는 것에 대해서만 주장한다는 것이다.

정리 1

우리가 실존한다는 것을 모르는 한 우리는 아무것도 절대적으로 확신할 수 없다.

증명

이 정리는 그 자체로 명증하다. 왜냐하면 자신이 있다는 것을 완전하게absolutè 알지 못하는 사람은, 동시에 자신이 긍정하거나 부정하고 있다는 것, 다시 말해 자신이 확실성을 가지고 긍정하거나 부정한다는 것도 모르기 때문이다.

또한 여기서 다음을 주목해야 한다. 즉 우리가 실존한다는 것에 주목하지 않으면서 우리가 아무리 많은 것들을 아주 확실하게 긍정하고 부정한다 하더라도, 이것〔=우리의 실존〕이 의심할 수 없는 것으로서 전제되지 않는다면, 모든 것이 의심 속으로 불러들여질 수 있을 것이다.

152

정리 2

'나는 있다'는 그 자체로 명증한 것[60]임에 틀림없다.

증명

만일 독자가 이 정리를 부정한다면, 그것은 다른 어떤 것을 통해서만 알려질 것이고, (공리 1에 따라) 이것의 인식과 확실성은 우리 안에서 내가 있다는 표현보다 선행할 것이다. 그러나 (앞의 정리에 따라) 이것은 부조리하다. 따라서 '나는 있다'는 그 자체로 명증한 것임에 틀림없다. 증명 끝.[61]

정리 3

'나는 있다'는 내가 몸으로 이루어진 것인 한 최초로 인식되지도 그 자체로 인식되지도 않는다.

증명

우리로 하여금 우리 신체의 실존에 관해 의심하게 하는 것들이 있다(공리 2에 따라). 그러므로 (공리 1에 따라) 우리가 그것〔=신체의 실존〕의 확실성에 도달하기 위해서는, 인식과 확실성에 있어서 그보다 앞서 있는 다른 어떤 것의 인식과 확실성을 거쳐야 한다. 따라서 '나는 있다'는 내가 신체로 이루어진 것인 한 최초로 인식되는 것도 그 자체로 인식되는 것도 아니다. 증명 끝.

정리 4

'나는 있다'는 우리가 생각하는 것이 아닌 한 최초로 인식되는 것이 아니다.

증명

'나는 몸이 있는 것 또는 몸으로 이루어져 있는 것이다'[62] 라는 표현은 최초로 인식되는 것이 아니며(앞의 정리에 따라), 또한 내가 정신과 신체 이외에 다른 어떤 것으로 이루어져 있다면, 그런 한에서 나는 내 실존 역시 확신하지 않는다. 왜냐하면 만일 우리가 정신이나 신체와는 다른 어떤 것으로 이루어져 있다면 그것이 우리에게 신체보다 덜 명증하기 때문이다(공리 3에 따라). 따라서 '나는 있다'는 우리가 생각하는 것이 아닌 한 최초로 인식되는 것이 아니다. 증명 끝. 153

따름정리[63]

이로부터 명백한바, 정신 곧 생각하는 것은 신체보다 더 명증하다.

상세한 해설은《철학의 원리》1부 11항과 12항을 참조하라.

주석[64]

누구든지 자신이 긍정하고 부정하고 의심하고 이해하고 상상한다는 것을, 즉 자신이 의심하고 이해하고 긍정하는 동안, 한마디로 '생각하는 동안' 실존한다는 것을 아주 확실하게 지각할 수 있으며, 또한 누구도 이것들을 의심 속으로 불러들일 수 없다. 따라서 '나는 생각한다' 즉 '나는 생각하는 동안 있다'라는 표현은 철학 전체의 유일하고도(정리 1에 따라) 가장 확실한 토대이다. 또한 우리가 학문을 할 때 사물에 관해 더없이 확신하기 위해서는 모든 것을 가장 확고한 원리로부터 연역하면서 이 원리와 똑같이 맑고 또렷하게 만드는 일만이 탐구되거나 요청되기 때문에, 이로부터 명백히 귀결되는바 우리에게 똑같이 명증한[65] 모든 것이자 우리가 앞서 발견한 원리와 똑같은 정도로 맑고 또렷하게 지각하는 모든 것, 또한 우리가 의심하려 하면 이 원리까지 의심받을 만큼 이에 일치하고 의존해 있는 모든 것은 가장 참된 것으로[66] 간주되어야 한다.[67]

그런데 이러한 것들을 검토할 때 최대한 주의 깊게 진행하려면, 나는 각 사람이 생각하는 것으로서 제 안에서 관찰하는 것들을 우리도 똑같이 명증하고 똑같이 맑고 또렷하게 지각한다는 사실을 처음부터 받아들여야 한다 ── 예컨대 그가 이러저러한 것을 하고자 한다는 것, 그가 그러한 특정한 관념들을 가지고 있으며, 어떤 관념은 다른 관념보다 더 많은 실재성과 완전성을 제 안에 담고 있다는 것, 말하자면 실체의 존재와 완전성을 표상적으로 담고 있는 관념은 단 154 지 어떤 속성의 표상적 완전성을 담고 있는 관념보다 훨씬 더 완전하다는 것, 끝으로 가장 완전한 존재자의 관념은 모든 관념들 가운데 가장 완전한 관념이라는 것 등. 이르건대 우리는 이러한 것들을 똑같이 명증하고 똑같이 명백하게 지각하며, 아니 어쩌면 더욱 또렷하게 지각하는지도 모른다. 왜냐하면 우리는 우리가 생각한다는 사실뿐 아니라, 우리가 어떤 방식으로 생각하는지도 주장하기 때문이다. 나아가 우리의 흔들리지 않는 토대가 의심 속으로 불러들여지지 않는 바로 그때에, 의심 속으로 불러들여지지 않는 것들이 이 원리와 일치한다는 것도 주장한다. 예컨대 누군가가 '아무것도 아닌 것(nihil)으로부터 무언가가 일어나는지'에 관해 의심하려 한다면, 그는 동시에 '우리가 생각하는 동안 있는지'에 관해서도 의심할 수 있다. 왜냐하면 내가 만일 아무것도 아닌 것에 대해서 무언가를 주장할 수 있다면, 즉 그것이 어떤 것의 원인일 수 있다고 주장할 수 있다면, 동시에 나는 똑같은 정당성을 가지고 아무것도 아닌 것에 대한 생각을 주장할 수 있을 것이고, 게다가 내가 생각하는 동안 내가 아무것도 아니라고 말할 수 있을 것이기 때문이다. 내게는 이런 일이 불가능하기 때문에, 아무것도 아닌 것으로부터 무언가 일어난다는 것을 생각하는 일도 내게는 불가능하다.[68]

이러한 점들을 숙고한 뒤에, 나는 여기서 우리의 당면 과제를 계속 진행하는 데 필요하다고 여겨지는 것들을 순서대로 보이면서 여러 공리들을 추가해야겠다고 결정했다. 사실 이것들은 데카르트가 〈대답 2〉 마지막 부분에서 공리로 제시했으며, 내가 그보다 더 엄밀하기를 바라는 것은 아니다. 그렇지만 이미 짜여 있는 순서에 따르지 않기 위해 나는 이것들을 더욱 명백하게 만들고, 어떻게 하나가 다른 하나에 기대어 있고 모든 것이 '나는 생각하는 동안 있다'라는 원리에 기대어 있는지, 혹은 모든 것이 명증성과 근거에서 볼 때 이 원리와 일치하는지를 밝혀보려 한다.

데카르트로부터 가져온
공리

4. 실재성, 즉 본질[69]에는 상이한 등급gradus이 있다. 왜냐하면 실체는 속성이나 양태보다, 또한 무한 실체는 유한 실체보다 더 많은 실재성을 가지기 때문이다. 따라서 속성보다 실체의 관념에, 그리고 유한 실체보다 무한 실체의 관념에 더 많은 표상적 실재성이 있다.[70]

155 이 공리는 오로지 우리의 관념을—이것의 실존에 관하여 우리는 확신한다. 왜냐하면 이것은 사유의 양태이기 때문이다—관찰함으로써 알려진다. 왜냐하면 우리는 실체의 관념이 실체에 관하여, 또한 양태의 관념이 양태에 관하여 얼마만큼의 실재성 즉 완전성을 보증하는지[71] 알고 있기 때문이다. 그러한 까닭에 우리는 실체의 관념이 그것의 속성 등의 관념보다 더 많은 표상적 실재성을 지닌다는 사실도 반드시 알게 된다. 정리 4 주석을 보라.

5. 생각하는 것res cogitans이 만일 자신에게 없는 어떤 완전성을 알고 있다면, 할 수 있는 한 자신에게 바로 그것을 부여할 것이다.

이것은 각 사람이 생각하는 동안 제 속에서 깨닫는 바이다. 그러한 까닭에 우리는 (정리 4 주석에 따라) 바로 이것을 대단히 확신한다. 그리고 같은 근거에 따라 우리는 다음의 공리를 이에 못지않게 확신한다.

6. 모든 사물의 관념, 즉 개념에는 실존이 가능적으로 또는 필연적으로 담겨 있다(데카르트의 공리 10을 보라).

신의 개념, 즉 가장 완전한 존재자의 개념에는 필연적 실존이 담겨 있다——그렇지 않으면 이 존재자는 앞서 파악했던 것과는 반대로 불완전한 것으로서 파악되기 때문이다. 그러나 우연적이거나 가능한 실존은 제한되어 있는 사물의 개념에 담겨 있는 것이다.

7. 현실적으로 실존하는 사물이든 그 사물의 완전성이든 아무것도 아닌 것nihil, 즉 실존하지 않는 것을 자기 실존의 원인으로 삼을 수 없다.[72]

이 공리가 '나는 생각하는 동안 있다'만큼이나 우리에게 명증하다는 것은 정리 4의 주석에서 증명되었다.

8. 어떤 사물 안의 실재성, 즉 완전성은 언제나 자신의 제일원인이자 합치하는 원인prima & adaequata causa 속에 형상대로 또는 우월하게 있다.

"우월하게"는 원인이 결과의 모든 실재성을 바로 그 결과보다 더 완전하게 지니고 있는 경우를, "형상대로"는 완전히 똑같이 지니고 있는 경우를 뜻한다.

이 공리는 앞선 공리에 기대어 있다. 만일 원인이 아무것도 지니고 있지 않다거나 결과에 비해 〔실재성을〕 덜 지니고 있다고 가정하면, 원인 속에 결과의 원인은 없다. 그러나 이는 부조리하며(앞의 공리에 따라) 따라서 무엇이 되었든 그것은 어떤 결과의 원인이 될 수 없다. 아니 정확히 말해서 결과가 지니고 있는 모든 완전성을 우월하게 또는 적어도 형상대로 지니고 있는 것이 원인이 될 수 없다.

9. 우리 관념의 표상적 실재성은 어떤 원인을 요구하는바 156 이 원인에는 바로 이 실재성이 단지 표상적으로 담겨 있을 뿐 아니라, 형상대로 또는 우월하게 담겨 있다.

이 공리는, 설령 많은 사람들이 그것을 오용했다고 하더라도, 모든 사람들에게 승인된다. 왜냐하면 누구든지 어떤 새로운 것을 파악했을 때 그 개념이나 관념의 원인을 찾기 때문이다. 사람들은 그 개념 안에 표상적으로 있는 만큼의 실재성이 형상대로 또는 우월하게 담겨 있는 어떤 관념을 제시할 수 있을 때 비로소 만족한다. 이것은 데카르트가 《철학의 원리》 1부 17항에서 제시한 기계machina의 예[73]로 충분히 설명된다. 비슷한 예로, 만일 누군가 인간은 무엇으로부터 자신의 생각과 신체에 대한 관념들을 얻는지 묻는다 하더라도, 인간은 이 관념을 (이것이 표상적으로 담고 있는 모든 것을 형상대로 담고 있는) 저 자신으로부터 얻는다는 사실은 우리가 모두가 알고 있는 바이다. 그리하여 만일 인간이 자신이 지니고 있는 형상적 실재성보다 더 많은 표상적 실재성을 지니고 있는 어떤 관념을 가지고 있다면, 우리는 반드시, 자연의 빛에 따라, 그 모든 완전성을 형상대로 또는 우월하게 담고 있는 어떤 원인을 인간 외부에서 찾게 되는 것이다. 또한 어느 누구도 이 원인과 똑같이 맑고 또렷하게 인식되는 다른 원인을 제시한 적이 없다.[74]

나아가 이 공리의 진리에 관해 말하자면, 이것은 앞선 공리에 기대어 있다. 말하자면 (공리 4에 따라) 관념들 속에는 실재성 즉 본질entitas의 상이한 등급들이 있다.[75] 따라서 (공리 8에 따라) 이 등급들은 각 등급의 완전성에 상응하는 더 완전한 원인을 요구한다.[76] 그런데 우리가 관념에서 주목하는 실재성의 등급들이 생각의 양태로 간주된다면 이것들은 관념에 속하지 않는다. 반면에 어떤 관념이 실체를, 다른 관념이 실체의 양태를 그려 보인다면[77], 한마디로 이 〔두 관념의〕 실재성의 등급들이 사물의 그림rei imago으로 간주된다면, 이것들은 관념에 속한다. 이로부터 명백하게 귀결되는바 제일원인은 우리가 조금 전에 모든 사람들이 자연의 빛에 따라 맑고 또렷하게 인식한다고 밝혔던 원인과 다르지 않다. 다시 말해 바로 이러한 원인에는 〔관념들이〕 표상적으로 지니고 있는 실재성이 형상대로 또는 우월하게 담겨 있다.[78]

이런 결론이 더 명백하게 인식되도록 한두 가지 예를 들어 설명해 보자. 예컨대 여기 이름난 철학자의 책 한 권과 어리석은 자의 책 한 권이 있고, 누군가 같은 손으로 필사된 서로 다른 두 책을 보고 있다고 하자. 만일 그가 글자verbum의 의미(즉 심상 같은 것)에 주목하지 않고, 오로지 서체와 철자 순서에[79] 주목한다면, 그는 자신으로 하여금 상이한 원인을 찾도록 강제하는 이것들의 차이점inaequalitas을

결코 발견하지 못할 것이고, 도리어 이것들이 똑같은 원인에 의해 똑
157 같은 방식으로 이루어졌다고 간주할 것이다. 그런데 만일 글과 논변 oratio의 의미에 집중한다면 그는 이것들 사이에서 커다란 차이점을 발견할 것이다. 이어서 그는 한 책의 제일원인이 다른 책의 제일원인과 다르고, 두 책이 담고 있는 논변의 의미, 즉 (글이 뭔가를 그려 보이는 것으로 간주되는 한에서) 글이 서로 얼마나 다른지를 발견하는 만큼, 하나가 다른 하나보다 더 완전하다고 결론 내릴 것이다. 그러나 두 책의 제일원인에 관하여 이르건대, 한 책이 다른 책으로부터 베껴질 수도 있다는 점을 마치 자명한 듯 받아들인다 하더라도, 아니 전제한다 하더라도 그 제일원인은 반드시 있음에 틀림없다. 같은 것이 초상화의 예로도 명백하게 설명된다――한 왕자의 초상화를 떠올려보라. 단지 그것의 소재에 집중한다면, 우리는 바로 그 초상화와 다른 초상화들 사이에서 우리로 하여금 상이한 원인을 찾도록 강제하는 어떠한 차이점도 발견하지 못한다. 오히려 우리는 아무 방해 없이, 이 그림이 다른 그림으로부터 베껴졌고, 이것은 다시 다른 그림으로부터 베껴졌고, 이런 식으로 무한하게 생각할 수 있을 것이다. 왜냐하면 이것을 그리는 데에[80] 아무런 〔제일〕원인이 필요치 않는다는 것을 우리는 충분히 알고 있기 때문이다. 그런데 우리가 만일 그 그림에 (이것이 뭔가를 그려 보이는 한에서) 주목한다면 곧바로 우리는 이 그림이 표상적으로repraesentativè 담고 있는 바를 형상대로 또는 우월하게 담고 있는 제일원인을 찾을 수밖에 없을 것이다. 이 공리를 확증하고 명료하게 하는 데 더 이상 무엇이 필요한지 나는 모르겠다.

10. 어떤 사물을 보존하는 데에는, 맨 처음 그 사물을 산출하는 것에 못지않은 원인이 필요하다.

'우리가 지금 생각한다'로부터 '우리가 앞으로 생각할 것이다'는 필연적으로 귀결되지 않는다. 즉 우리가 우리의 생각에 관해 가지고 있는 개념은 필연적 실존을 내포하거나 담고 있지 않다.[81] 왜냐하면 생각이 실존하지 않는다고 가정하더라도 우리는 그것을 맑고 또렷하게 파악할 수 있기 때문이다. 모든 원인은 각각의 결과가 지닌 완전성을 제 안에 담고 있거나 포함하고 있기 때문에(공리 8에 따라), 이로부터 명백히 귀결되는바 우리 안이나 우리 밖에는 우리가 아직 인식하지 못한 어떤 것이 반드시 있다. 이것의 개념이나 본성은 실존을 포함하고 있으며 또한 이것은 무엇 때문에 우리 생각이 실존하기 시작했고 나아가 계속해서 실존하는지에 대한 원인이다. 왜냐하면 우리의 생각이 실존하기 시작했다 하더라도, 이러한 까닭으로 생각의 본성과 본질이 필연적 실존을 생각이 실존하기 전보다 더 많이 포함하는 것은 아니고, 따라서 실존을 유지하는 데에는 실존을 시작하는 데에 필요한 힘과 똑같은 힘이 필요하기 때문이다. 우리가 지금 생각에 관해 이야기한 바는 필연적 실존을 본질로 가지고 있지 않은 모든 것에 또한 타당하다. 158

11. 우리가 어떤 사물에 관하여 왜 그것이 존재하는지, 그것의 원인(즉 근거)이 무엇인지 물을 수 없다면, 그 사물은 실존하지 않는다. 데카르트의 공리 1을 보라.

만일 실존이 긍정적인 무엇[82]이라면, 우리는 그것이 아무것도 아닌 것을 원인으로 삼는다고 말할 수 없다(공리 7에 따라). 따라서 우리는 왜 그것이 존재하는지에 대한 긍정적 원인(즉 근거)을 외적인 것 즉 그 사물 외부에 있는 것으로서 제시하든지, 아니면 내적인 것 즉 바로 그 실존하는 사물의 본성과 정의에 포함되어 있는 것으로서 제시해야 한다.

다음 네 가지 정리는 데카르트로부터 가져온 것이다.

정리 5

신의 실존은 오로지 그 본성을 숙고함으로써 인식된다.[83]

증명

어떤 것이 어떤 사물의 본성 즉 개념 속에 포함되어 있다는 말은 바로 그것이 그 사물에 대하여 참으로 존재한다는 말과 같은 말이다(정의 9에 따라). 그런데 필연적 실존은 신의 개념 속에 포함되어 있다(공리 6에 따라). 그러므로 신에 관하여 필연적 실존이 그 속에 있다고, 즉 바로 그가 실존한다고 말하는 것은 참이다.

주석

이 정리로부터 많은 중요한 것들이 귀결된다. 신의 속성에 관한 거의 모든 인식은 사실상 신의 본성에 실존이 속해 있다는 것, 즉 신의 개념은 마치 삼각형의 개념이 세 각은 두 직각과 같다는 것을 포함하듯이 필연적 실존을 포함한다는 것, 즉 그의 실존은 다름 아닌 그의 본질로서 영원한 진리라는 것에 달려 있으며, 이러한 인식을 통해 우리는 신에 대한 사랑 즉 지복summa beatitudo으로 인도된다. 따라서 우리는 인류가 마침내 언젠가는 이것을 우리와 함께 파악하기를 바란다. 물론 나는 모두로 하여금 이것을 그다지 쉽게 인식하지 못하도록 방해하는 선입견들이 있다는 것을 인정한다.[84] 그런데 만일 누군가 좋은 뜻에서 오직 진리와 자신의 참된 유익함에 대한 열망에 이끌려 이 문제를 탐구하고, 또한 〈제5성찰〉, 〈대답 1〉 마지막 내용과 더불어 이 책의 부록 2부 1장 "영원성에 관하여"의 내용을 스스로 숙고하고자 한다면, 그는 이 문제를 의심에서 벗어나 가능한 한 명백하게 인식할 것이고, 누구도 그가 신의 관념을 가지고 있다는 것에 대해서 의심할 수 없을 것이다. (그것은 물론 인간 지복의 첫 토대이다.) 왜냐하면 그는 신의 관념이 그 밖의 사물들의 관념과 너무도 다르다는 것을 명백하게 알게 되자마자, 신이 본질과 실존에서 볼 때 그 밖의 사물들과 기원상genere 전혀 같지 않다는 것을 알게 되기 때문이다. 그러니 독자는 이것에 관하여 여기서 더 오래 머물 필요가 없다.

159

정리 6

신의 실존은 오로지 '우리가 신의 관념을 가지고 있다'로부터 후험적으로a posteriori 증명된다.[85]

증명

우리의 모든 관념들 가운데 표상적 실재성은, 이 실재성이 표상적으로만이 아니라 형상대로 또는 우월하게 담겨 있는 원인을 요청한다(공리 9에 따라). 그런데 우리는 신에 대한 관념을 가지고 있고(정의 2와 8에 따라), 이 관념의 표상적 실재성은 형상대로든 우월하게든 우리 안에 담겨 있지 않으며(공리 4에 따라), 신을 제외한다면 다른 어떤 것에도 담겨 있을 수 없다. 따라서 우리 안에 있는 신의 관념은 신을 원인으로 요청하며 그리하여 신은 실존한다(공리 7에 따라).

주석

160 어떤 사람들은 신을 이야기하고 우러르고 사랑하면서도 자신이 신에 대한 어떤 관념을 가지고 있다는 것을 부정한다. 또한 당신이 아무리 이들의 눈앞에 신의 정의와 속성들을 가져다놓는다 하더라도, 당신은 아무것도 얻지 못한다——이는 정말이지 당신이 선천적 시각 장애인에게 우리가 보는 대로 색의 차이를 가르치려 애쓰는 경우보다 나을게 없다. 그런데 우리가 그들〔=신에 대한 관념을 부정하는

사람들)에게 인간과 짐승의 중간쯤에 있는 무슨 신종 동물인 것처럼 관심을 가지려는 것이 아니라면 그들의 말에 거의 신경 쓰지 말아야 한다. 묻건대, 우리가 사물을 정의하고 그 속성을 해명하는 방식이 아니라면 도대체 어떤 다른 방식으로 사물을 보여줄 수 있다는 말인가? 우리는 신의 관념에 관해 논의하는바 신에 대한 어떠한 그림도 머리에서 형성할 수 없다는 이유만으로 신의 관념을 부정하는 사람들의 말에 귀 기울일 필요가 없다.

다음으로 눈여겨볼 것은, 데카르트가 신 관념의 표상적 실재성이 형상대로든 우월하게든 우리 안에 담겨 있지 않다는 점을 밝히기 위해 공리 4를 끌어올 때, 모든 사람은 자신이 무한한 실체가 아니라는 것, 즉 자신이 모든 것을 알고 모든 것을 할 수 있는 등등의 실체가 아니라는 것을 알고 있다는 것을 그가 전제했다는 점이다. 이를 전제하는 것은 가능하다. 왜냐하면 자신이 생각하고 있다는 사실을 알고 있는 사람은 또한 자신이 많은 것들에 관해 의심하고 있으며, 모든 것들을 맑고 또렷하게 인식하고 있지 못하다는 것도 알고 있기 때문이다.

마지막으로 눈여겨볼 것은, 여러 신들이 있을 수 없다는 점, 도리어 우리가 이 책의 1부 정리 11과 부록 2부 2장에서 명백하게 밝혔듯이 하나의 신만이 있을 수 있다는 점이 정의 8로부터도 명백하게 귀결된다는 것이다.

정리 7

신의 실존은 '신의 관념을 가지고 있는 우리 자신이 실존한다' 로부터 증명되기도 한다.[86]

주석[87]

이 정리를 증명하기 위해 데카르트는 이 두 가지 공리를 사용한다.

161 "1. 더 크거나 더 어려운 것을 해낼efficere 수 있는 것은 이보다 덜한 것도 해낼 수 있다.

2. 실체를 창조하거나 (공리 10에 따라) 보존하는 일이 실체의 속성이나 고유성을 창조하거나 보존하는 일보다 더 크다."[88]

이것들을 가지고 그가 무엇을 가리키려 하는지 나는 모르겠다. 그는 도대체 무엇을 쉽다고 하고 무엇을 어렵다고 하는 것인가? 쉽다, 어렵다는 말은 절대적인 뜻에서가 아니라, 오로지 원인에 관해서만 이야기된다. 그리하여 같은 일res이 서로 다른 원인들에 관해서 동시에 쉽고 어렵다고 이야기될 수 있다.[89] 그런데 그가 만일 큰 힘을 들여 이루어지는 일들을 어렵다고 말하고, 반대로 같은 원인에 의해 적은 힘으로 이루어지는 것들을, 예컨대 '50파운드(libra)를 들어 올릴 수 있는 힘은 25파운드를 그 절반의 힘으로 더 쉽게 들어 올릴 수 있다'는 의미에서 쉽다고 말한다면, 확실히 그 공리는 절대적으로 참이 아니며, 또한 그는 이러한 공리로부터 자신이 의도하는 바를 증명할 수도 없을 것이다. 그가 "만일 내가 나 자신을 보존하는 힘을 가지고 있다면, 나는 내가 가지고 있지 못한 모든 완전성들을 나에게 부여하는 힘도 가지고 있다"(왜냐하면 알다시피 그 완전성들은 그만큼〔=자신을 보존하는 만큼〕 많은 능력을 요구하지 않기 때문이다) 라고 말할 때, 나는 그에게 동의한다. 왜냐하면 나를 유지하는 데에 쓰이는 힘들은 내가 그 힘을 필요로 하지 않았다면 다른 많은 일들을 훨씬 더 쉽게 해내는 데에 쓰일 수 있었을 것이기 때문이다. 그러나 나는 예에서 명백하게 보았듯이 내가 그 힘을 나를 보존하는 데에 사용하는 동안 내가 그 힘들을 더 쉬운 다른 모든 일들을 해내기 위해 사용할 수 있다는 것을 부정한다. 그리고 이런 난점은 사람들이 '나는 생각하는 것res cogitans이기 때문에, 내가 과연 내 모든 힘을 자기 보존을 위해 사용하는지, 또한 과연 이러한 까닭에 내가 그 밖의〔=내게 결여된〕 완전성들을 나에게 부여하지 않는 것인지[90]를 필연적으로 알 수밖에 없다'고 말하더라도 제거되지 않는다. 왜냐하면 (이 문제에 관한 논쟁은 보류하고, 어떻게 이 공리로부터 이 정리의 필연성이 귀결되는지가 관건인바) 만일 내가 그것을 안다면, 나는 〔지금보다〕 더 컸을 것이고, 어쩌면 이러한 더 큰 완전성 안에서 나를 보존하기 위해 내가 〔지금〕 가지고 있는 능력들보다 더 큰 능력을 필요로 했을 것이다. 따라서 과연 속성들보다 실체를 창조하는 것(또는 보존하는 것)이 더 큰 노동일까? 더 명백하게 더 철학적으로 말하자면, 실체는 자신의 속성들을 보존하기 위해서 아마도 자기 보존에 사용할, 자신의 모든 힘과 본질을 필요로 하는 것은 아닐까? 나는 모르겠다.[91]

그러나 이러한 물음들은 그만두고, 가장 고귀한 저자가 여기서 하고자 하는 바들, 즉 그가 '쉽다'와 '어렵다'라는 말을 무엇으로 이해하고 있는지를 더 연구해보자. 나는 그가 '어렵다'라는 말을 불가능한 것(따라서 어떻게 발생하는지가 어떤 방식으로도 파악되지 않는 것)으로 이해하고, '쉽다'라는 말을 아무런 모순도 포함하고 있지 않은 것(따라서 어떻게 발생하는지가 쉽게 파악되는 것)으로 이해하고 있다고 생각하지도 믿지도 않는다. 〈제3성찰〉에서 그가 다음과 같이 말할 때 얼핏 보기에는 그렇게 말하고 싶은 것처럼 보인다 하더라도 말이다. "나는 내게 결여되어 있는 것들이 혹시 내게 이미 있는 것들보다 더 어렵게 얻어진다고 생각해서는 안 된다. 왜냐하면 거꾸로 나, 말하자면 사유하는 것, 즉 생각하는 실체가 아무것도 아닌 것으로부터 발생하는 일은 명백히 다른 일들보다 훨씬 더 어렵기 때문이다." 그러니까 그것은 저자의 말과 일치하지도, 그의 정신에 걸맞지도 않다. 왜냐하면 〔이 주석에서 제시한 데카르트의〕 첫 번째 공리는 제쳐두고, 가능한 것과 불가능한 것, 즉 인식할 수 있는 것과 인식할 수 없는 것 사이에는 어떤 것과 아무것도 아닌 것

162

사이처럼 아무런 관계ratio가 없으며, 창조와 생성이 헛것non ens과 어울리지 않는 것과 마찬가지로, 능력은 불가능한 것과 어울리지 않기 때문이다. 따라서 이것들은 결코 비교될 수 없다. 덧붙여 이것들에 대한 맑고 또렷한 관념을 가지고 있는 경우에만, 나는 이것들을 서로 비교할 수 있고 그 관계를 인식할 수 있다. 그러므로 나는 '불가능한 것을 할 수 있는 사람은 가능한 것도 할 수 있다'는 결론을 거부한다. 왜냐하면 나는 이렇게 묻기 때문이다. '이것은 어떤 종류의 결론인가? 만일 누군가 네 각의 원을 만들 수 있다면, 그는 중심에서 원주로 그은 모든 직선들의 길이가 같은 원을 만들 수도 있다는 것인가? 또는 만일 누군가 아무것도 아닌 것에 어떤 작용을 미칠 수 있고 이것을 재료 삼아 무언가를 산출할 수도 있다면, 그는 어떤 사물로부터 무엇인가를 만드는 능력도 가진다는 것인가?' 말했다시피, 이것들과 이와 비슷한 것들 사이에는 아무런 일치, 유비, 비교가 없으며, 어떠한 관계도 없다. 이 문제는 누구든지 조금만 주의를 기울이더라도 알 수 있고, 따라서 나는 이것이 데카르트의 정신에 걸맞지 않다고 생각한다. 그러나 만일 내가 방금 제시된 두 공리 가운데 두 번째에 주목한다면, 그는 '더 크다'와 '더 어렵다'로써 '더 완전하다'를, '더 작다'와 '더 쉽다'로써 '덜 완전하다'를 의미하는 것으로 보인다. 그러나 이 또한 금세 흐릿해진다. 왜냐하면 여기에는 앞에서와 똑같은 난점이 있기 때

163 문이다. 나는 앞서 말한 것처럼 더 큰일을 할 수 있는 사람이 동시에 같은 노력을 들여 더 작은 일을 할 수 있다는 점(이것은 이 정리에 가정되어 있음에 틀림없다)을 거부한다.[92]

다음으로 그는 "실체를 창조하거나 보존하는 일이 실체의 속성들을 창조하거나 보존하는 일보다 더 크다"고 말할 때, 속성 개념을 통해 실체 안에 형상대로 담겨 있고 오로지 이성에 의해서만 실체와 구분되는 속성을 인식할 수 없다. 이런 경우 실체를 창조하는 일과 속성들을 창조하는 일은 똑같기 때문이다. 그리고 같은 이유로 그는 실체의 본질과 정의로부터 필연적으로 귀결되는, 실체의 속성 역시 인식할 수 없다. 하물며 그가——그가 원한 것처럼 보이기는 하지만——다음과 같은 어떤 다른 실체〔=무한 실체〕의 본성과 속성을 이해할 수 없음은 말할 것도 없다. '내가 유한한 생각하는 실체로서 설령 자기 보존의 능력을 지니고 있다고 말한다 하더라도, 이를 근거로 내가 나의 본질과는 전혀 다른 무한 실체의 완전성들을 나 자신에게 부여할 능력까지 지니고 있다고 말할 수 없다.' 왜냐하면 나의 있음을 보존하기 위해 내가 사용하는 힘이나 본질[93]은, 절대적 무한 실체가 자신을 보존하기 위해 사용하는 힘이나 본질과 기원상 완전히 다르고, 무한 실체의 힘과 속성은 무한 실체로부터 단지 이성에 의해 구분될 뿐이기 때문이다.[94] 그러므로 (내가 나 자신을 보존한다는 것을 가정한다 하더라도) 내가 절대적 무한 실체의 완전성들을 나 자신에게 부여할 수 있다고 파악하려 한다면, 이는 내가 나의 본질 전체를 아무것도 아닌 것으로 되돌릴 수 있고 새롭게 어떤 무한 실체를 창조할 수 있다는 것을 가정하는 것과 다르지 않다. 물론 이러한 가정은 내가 유한 실체인 나 자신을 보존할 수 있다고 가정하는 것보다 훨씬 더 큰일이겠다.[95]

그러므로 데카르트는 이들 가운데 어떠한 것도 속성이나 본성을 통해 이해할 수 없기 때문에, 〔생각하는〕 실체가 우월하게 담고 있는 성질들(예컨대 내가 정신 안에서 내게 결여되어 있다고 명백하게 지각하는 이러저러한 생각들)만이 남아 있고, 다른 실체가 우월하게 지니고 있는 성질들(예컨대 〔공간상〕 펼침 안에서의 이런저런 운동들처럼. 왜냐하면 그러한 완전성들은 생각하는 실체인 나 자신에 속한 것들이 아니고, 따라서 내게 결여되어 있지도 않기 때문에)은 남아 있지 않다. 그런데 이렇게 되면 데카르트가 증명하고자 한 바는 결코 이 공리, 즉 '만일 내가 나 자신을 보존한다면, 나는 내가 명백하게 파악하고 있는, 가장 완전한 존재자에 귀속하는 모든 완전성을 자신에게 부여할 능력도 지닌다'로부터 귀결되지 않으며, 이는 방금 말한 것들에 따라서 충분히 확실하다. 증명되지 않은 문제가 남아 있지 않도록 하고 또한 모든 헛갈림을 막기 위해서는, 우선 다음의 두 보조정리를 증명한 뒤 이를 바탕으로 정리 7의 증명을 작성하는 것이

164

좋을 듯하다.

보조정리 1

어떤 사물이 그 본성상 더 완전할수록, 그만큼 그것은 더 큰 실존과 더 필연적인 실존을 포함한다. 또한 역으로, 어떤 사물이 그 본성상 더욱 필연적인 실존을 포함할수록, 그것은 더 완전하다.

증명

모든 사물의 관념이나 개념에는 실존이 포함되어 있다(공리 6에 따라). A가 10등급의 완전성을 가진 사물이라고 가정해보자. 이르건대 이것의 개념은 그것이 단지 5등급의 완전성을 가진다고 가정하는 경우보다 더 많은 실존을 포함하고 있다. 왜냐하면 우리는 아무것도 아닌 것에 관해 결코 실존을 주장할 수 없고(정리 4의 주석을 보라), 따라서 우리가 생각을 통해 A의 완전성을 제거할수록, 우리는 점점 더 그것을 아무것도 아닌 것에 참여하고 있는 것으로 파악하며, 급기야 그것의 실존 가능성까지 부정하기 때문이다. 그리하여 만일 우리가 그것의 완전성의 등급이 무한히 0(ciphra)으로 줄어든다고 파악한다면, 그것은 아무런 실존도 지니지 못할 것이고, 다시 말해 절대로 불가능한 실존을 지닐 것이다. 그러나 반대로 만일 우리가 그것의 등급을 무한히 확대한다면, 우리는 그것이 최고의 실존, 따라서 가장 필연적인 실존을 포함한다고 파악할 것이다. 첫 번째 증명 끝. 다음으로 이 두 가지〔=실존과 완전성〕는 결코 분리되지 않기 때문에(이 책의 공리 6과 1부 전체에서 충분히 명백하듯), 두 번째 증명하기로 했던 것도 명증하게 귀결된다.

주 1. 많은 것들의 산출을 위해 규정되어 있는 원인이 있으며, 바로 그 때문에 그것들은 필연적으로 실존한다고 이야기되지만, 내가 여기서 하고 있는 말은 이런 것이 아니라, 〔사물들의〕 원인을 고려하지 않은 채 오로지 사물의 본성, 즉 본질을 숙고함으로써 귀결되는 필연성과 가능성에 관한 것이다. 165

주 2. 나는 여기서 사람들이 미신이나 무지 때문에 완전성이라고 부르고자 하는 아름다움과 그 밖의 완전성들에 관해 이야기하는 것이 아니다. 이르건대 완전성은 오로지 실재성 즉 있음을 뜻한다. 예컨대 나는 양태나 속성보다 실체에서 더 많은 실재성을 지각한다. 따라서 나는 실체가 속성보다 더 필연적이고 완전한 실존을 포함한다는 것을 명백하게 인식한다. 이는 공리 4와 6에 따라 충분히 명증하다.

따름정리

그러므로 필연적 실존을 포함하는 것은 가장 완전한 존재자, 즉 신이다.

보조정리 2

자기 보존 능력을 가지고 있는 자는
그 본성상 필연적 실존을 포함한다.

증명

자기 보존의 힘을 지니고 있는 자는 자기 창조의 힘 역시 지니고 있다(공리 10에 따라). 즉 (모두가 쉽게 동의하듯) 그는 실존하기 위해서 외적 원인을 필요로 하는 것이 아니다. 오히려 바로 그의 본성이 '가능적으로'(공리 10을 보라) 또는 '필연적으로' 실존하기에 충분한 원인이다. 그러나 '가능적으로'는 아니다. 왜냐하면 그런 경우 (공리 10에서 증명되었던바) 지금 실존하는 것으로부터 바로 이것이 앞으로 실존하리라는 것이 귀결되지 않기 때문이다(이는 전제와 모순된다). 따라서 그것은 필연적으로, 즉 그 본성상 필연적 실존을 포함한다. 증명 끝.

정리 7에 대한 증명

만일 내가 자기 보존의 힘을 가지고 있다면, 나의 본성은 필연적 실존을 포함할 것이고(보조정리 2에 따라), 따라서 (보조정리 1의 따름정리에 따라) 나의 본성은 모든 완전성들을 지닐 것이다. 그런데 내가 생각하는 것res cogitans인 한에서 나는 내 안에서 많은 불완전성들, 예컨대 내가 의심한

166

다는 것, 내가 욕망한다는 것 등을 내 안에서 발견하며, 이것들에 대해 나는 확신한다(정리 4의 주석에 따라). 따라서 나는 어떠한 자기 보존의 힘도 가지고 있지 않다. 또한 나는 지금 그러한 완전성들을 원하지 않기 때문에 지금 그것들을 결여하고 있다고 말할 수도 없다. 왜냐하면 이것은 보조정리 1 및 내가 (공리 5에 따라) 내 안에서 명증하게 발견하는 것과 모순되기 때문이다.

다음으로, 실존하는 동안 나는 나 자신에 의해서 보존되거나(내가 이런 힘을 가지고 있을 경우), 아니면 이런 힘을 가지고 있는 다른 것에 의해서 보존될 것이다. 그렇지 않으면 나는 지금 실존할 수 없다. 그러나 나는 실존하고(정리 4의 주석에 따라), 이미 증명된바 보존의 힘을 가지고 있지 않다. 따라서 나는 다른 것에 의해 보존된다. 그러나 나는 자기 보존의 힘을 가지고 있지 않은 다른 것에 의해서는 보존되지 않는다(내가 나 자신을 보존할 수 없음을 증명했던 것과 똑같은 근거에 따라). 따라서 나는 자기 보존의 힘을 가지고 있는 다른 것, 즉 (보조정리 2에 따라) 본성상 필연적 실존을 포함하고 있는 것, 다시 말해 (보조정리 1의 따름정리에 따라) 내가 가장 완전한 존재자에 귀속하는 것들로 인식하는 모든 완전성들을 지니고 있는 것에 의해 보존된다. 그러므로 가장 완전한 존재자, 즉 (정의 8에 따라) 신은 실존한다. 증명 끝.

따름정리

신은 우리가 명석하게 지각하는 모든 것을 우리가 그것을 지각하는 바대로 만들어낼efficere 수 있다.

증명

이 모든 것들이 앞의 정리로부터 명백히 귀결된다. 왜냐하면 바로 거기서 모든 완전성들을—우리는 이들 가운데 몇몇 관념을 가지고 있다[96]—가지고 있는 누군가가 실존한다는 것이 틀림없다는 것으로부터 신의 실존이 증명되었기 때문이다. 그런데 우리는 누군가의 능력에 대한 관념을 가지고 있으며, 그의 능력은 실로 막대하여 오로지 그만이 하늘과 땅, 그 밖에 내가 가능한 것으로 인식하는 모든 것들을 발생시킬 수 있다. 그러므로 신의 실존과 더불어 이 모든 것들이 바로 그 자신으로부터 증명된다.

167

정리 8

정신과 신체는 실재적으로realiter 구분된다.

증명

명석하게 지각되는 모든 것은 우리가 그것을 지각하는 바대로 신에 의해 만들어질 수 있다(앞의 따름정리에 따라). 그러나 우리는 정신, 즉 (정리 6에 따라) 신체 없이 사유하는 실체, 다시 말해 (정의 7에 따라) 어떤 펼쳐진 실체 없이 사유하는 실체를 명증하게 지각한다. 거꾸로 (모두가 쉽게 동의하듯) 우리는 정신과 무관하게 신체를 명석하게 지각한다. 따라서 적어도 신의 능력에 의해 정신은 신체 없이, 신체는 정신 없이 있을 수 있다.

그런데 이미 실체들은 하나가 다른 하나 없이 있을 수 있는 것들로서, 실재적으로 구분된다(정의 10에 따라). 그리고 정신과 신체는 하나가 다른 하나 없이 있을 수 있는 실체들이다(정의 5, 6, 7에 따라). 따라서 정신과 신체는 실재적으로 구분된다.[97]

데카르트의 〈대답 2〉 마지막에 있는 정리 4와《철학의 원리》1부 22항부터 29항까지의 내용을 보라. 그것들을 여기에 받아 적는 일은 좋은 생각이 아닌 성싶다.

정리 9

신은 모든 것을 인식한다.

증명

만일 당신이 이를 부정한다면, 신은 아무것도 인식하지 못하거나, 아니면 모든 것은 아니되 다만 몇 가지만 인식할 것이다. 그러나 단지 몇 가지만 인식하고 나머지는 모른다는 것은 제한적인 불완전한 지성을 전제하며, 이것을 신에게

168 귀속시키는 일은 부조리하다(정의 8에 따라). 또한 신이 아무것도 인식하지 않는다는 말은 신에게 지성의 결함이 있다(마치 인간이 아무것도 인식하지 않을 때 그에게 지성의 결함이 있는 것처럼)는 것을 가리킨다. 그러나 이는 불완전성을 뜻하며 이는 신에게 귀속될 수 없다(같은 공리에 따라). 아니면 그 말은 신이 무언가를 인식한다는 것이 그의 완전성과 모순을 일으킨다는 것을 가리킨다. 그러나 만일 이렇게 인식intellectio[98]이 신으로부터 전적으로 부정된다면, 그는 어떠한 지성intellectus도 창조할 수 없을 것이다(공리 8에 따라). 그런데 지성은 우리에게 맑고 또렷하게 지각되기 때문에, 신은 지성의 원인일 것이다(정리 7의 따름정리에 따라). 따라서 신이 무언가를 인식한다는 것이 바로 그의 완전성에 모순된다는 것은 우리의 생각과 거리가 멀다. 그러므로 그는 모든 것을 인식한다. 증명 끝.

주석

정리 16에서 증명되듯 우리는 신이 몸이 있지 않다는 것을 받아들여야 한다. 그러나 이것이 펼침에 관한 모든 완전성들이 그로부터 제거되어야 한다는 것이 아니라 펼침의 본성과 속성들이 불완전성을 포함할 때만 그로부터 제거되어야 한다는 뜻이다. 신의 지성에 관해서도 똑같이 이야기해야 하며, 이는 이 책의 부록 2부 7장에서 충분히 밝혀지듯 철학자들의 범속한 시도를 뛰어넘어 지혜를 추구하는 모든 사람들이 인정하는 바이다.

정리 10

신 안에서 발견되는 모든 완전성은 신에서 비롯된다.

증명

만일 이것을 부정한다면, 당신은 신에서 비롯되지 않은 어떤 완전성이 신 안에 있다는 것을 가정하게 된다. 〔신 안에서 발견되는 모든〕 완전성은 신 자신에서, 아니면 신과는 다른 어떤 것에서 비롯되어 신 안에 있을 것이다. 만일 그 자신에서라면, 그것은 단지 가능한 실존이 아니라 필연적 실존을 지닐 것이며(정리 7의 보조정리 2에 따라), 그러므로 (같은 곳, 보조정리 1의 따름정리에 따라) 가장 완전한 무엇, 즉 (정의 8에 따라) 신은 존재할 것이다. 그러므로 만일 신 안에 그 자신에서 비롯된 어떤 것이 있다고 말하는 것은, 동시에 그것이 신에서 비롯되었다고 말하는 것이다. 증명 끝. 그런데 만일 〔이 완전성이〕 신과 다른 어떤 것에서 비롯되었다면, 정의 8과는 반대로, 신은 그 자체로 가장 완전한 자로서 파악될 수 없다. 따라서 신 안에서 발견되는 모든 완전성은 신으로부터 나온다. 증명 끝. 169

정리 11

여러 신들은 있지 않다.

증명

만일 당신이 이것을 부정한다면, 가능할지 모르겠지만 여러 신들을, 예컨대 A와 B를 떠올려보라. 그러면 필연적으로 (정리 9에 따라) A처럼 B도 전능하다. 즉 모든 것을 인식한다. 따라서 A는 그 자신은 물론 B도 알 것이고, 거꾸로 B도 그 자신과 A를 알 것이다. 그러나 A와 B가 필연적으로 실존하기 때문에(정리 5에 따라), A가 지니고 있는, B의 관념의 진리와 필연성에 대한 원인은 다름 아닌 B이며, 거꾸로 B가 지니고 있는, A의 관념의 진리와 필연성에 대한 원인은 다름 아닌 A이다. 그리하여 A로부터 나오지 않은 완전성이 A 안에 있게 될 것이고, 또한 B에서 나오지 않은 어떤 것이 B 안에 있게 될 것이다. 그러므로 여러 신들은 있을 수 없다. 증명 끝.

여기서 주목해야 할 것은, '어떤 것이 그 자신에서 비롯되는 필연적 실존을 포함한다면, 그것은 신이다'로부터만 '그것은 유일하다'는 것이 필연적으로 귀결된다는 점이다. 이는 누구든지 스스로 곰곰이 성찰함으로써 이해할 수 있는 바이고, 나는 여기서 이것을 증명할 수도 있었지만, 이 정리에서 이루어진 것같이 그렇게 모두가 알 수 있는 방식은 아니[기 때문에 증명하지 않았]다.

정리 12

실존하는 모든 것은 오직 신의 힘에 의해서만 보존된다.

증명

만일 이것을 부정한다면, 당신은 어떤 것이 바로 그 자신을 보존한다는 것을 가정하게 된다. 이 때문에 (정리 7의 보조정리 2에 따라) 그것의 본성은 필연적 실존을 포함한다. 170 그리하여 (같은 곳, 보조정리 1의 따름정리에 따라) 신은 존재하되 여러 신이 있을 것인데, 이는 부조리하다(앞에 따라). 그러므로 오로지 신의 힘에 의해 보존되는 것만이 실존한다. 증명 끝.

따름정리 1

신은 모든 것의 창조자이다.

증명

신은 (앞의 정리에 따라) 모든 것을 보존한다. 다시 말해 (공리 10에 따라) 실존하는 모든 것을 창조했고 지금까지도 지속적으로 창조하고 있다.

따름정리 2

사물은 신에 대한 인식의 원인[99]이 되는 어떠한 본질도

그 자신으로부터 가지고 있지 않다. 오히려 반대로 신은
사물의 본질에 관해서도 그것의 원인이다.

증명

신 안에서 신으로부터 오지 않은 어떠한 완전성도 발견되지 않기 때문에(정리 10에 따라), 사물은 신에 대한 인식의 원인이 될 수 있는 어떠한 실존도 그 자신으로부터 가지고 있지 않다. 그러나 반대로 신이 모든 것을 다른 것으로부터 발생시킨 것이 아니라 절대적으로 창조했기 때문에(정리 12와 따름정리 1에 따라), 또한 창조 활동은 오로지 작용 원인이며(나는 창조를 이렇게 정의한다) 이 작용 원인이 바로 신이기 때문에[100], 사물들은 창조에 앞서 결코 존재하지 않았고, 따라서 신은 사물들의 본질에 대한 원인이다. 증명 끝.

주목할 것은 이 따름정리가 다음에 따라 명백하다는 점이다. 즉 신은 모든 사물의 원인이자 창조자이고(따름정리 1에 따라), 당연히 이 원인은 결과의 모든 완전성을 제 안에 담고 있어야 한다(공리 8에 따라).

171

따름정리 3

이로부터 명백하게 귀결되는바 신은 감각하지도, 더 정확히 말해 지각하지도 않는다. 왜냐하면 그의 지성은 자신 밖의 어떠한 사물로부터도 규정되지 않고, 오히려 모든 것이

그로부터 흘러나오기[101] 때문이다.

따름정리 4

신은 인과성에 따라 사물의 본질 및 실존보다 먼저 있고, 이는 이 정리의 따름정리 1과 따름정리 2로부터 명백하게 귀결된다.

정리 13

신은 가장 참되며 결코 사기꾼이 아니다.

증명

우리가 어떤 것에서 무언가 불완전한 것을 발견하는 한, 우리는 그것을 결코 신에게 (정의 8에 따라) 덧붙일 수 없다.[102] 그리고 모든 속임수나 (자명한바) 속이려는 의지는 오로지 악의나 두려움으로부터 시작된다. 그런데 두려움은 줄어든 힘을, 반면에 악의는 선bonitas의 결여를 전제한다. 따라서 어떠한 속임수나 속이려는 의지도 신, 즉 가장 힘 있고 선한 존재자에 덧붙여져서는 안 된다. 오히려 반대로 그는 가장 성실한 자이며 결코 사기꾼으로 간주되어서는 안 된다. 증명 끝. 〈대답 2〉, 네 번째를 보라.

정리 14

맑고 또렷하게 지각되는 모든 것은 참이다.

증명

(각 사람이 제 안에서 깨닫고 이미 증명된 모든 것들로부터 명증한바) 우리가 가지고 있는, 참된 것을 거짓된 것으로부터 구분하는 능력은 신에 의해 창조되었고 또한 지속적으로 보존된다(정리 12와 그 따름정리에 따라). 즉 (앞의 정리에 따라) 결코 사기꾼이 아닌 가장 성실한 존재자에 의해 창조되고 보존된다. 그리고 (각 사람이 제 안에서 깨닫는바) 그는 우리에게 맑고 또렷하게 지각한 것들을 멀리하거나 동의하지 않는 능력을 결코 부여한 적이 없다. 따라서 만일 이러한 경우에 우리가 속았다면 우리는 전적으로 신에게 속았을 것이고 그는 사기꾼일 것이다. 이는 (앞의 정리에 따라) 부조리하다. 그러므로 우리가 맑고 또렷하게 지각하는 모든 것은 참이다. 증명 끝.

172

주석

우리가 맑고 또렷하게 지각할 때 필연적으로 동의할 수밖에 없는 것들은 필연적으로 참이기 때문에, 그리고 각 사람이 제 안에서 깨닫듯, 우리는 어둡고 의심스러운 것들, 즉 가장 확실한 원리로부터 연역되지 않은 것들에 동의하지 않을 능력을 가지고 있기 때문에, 만일 우리가 맑고 또렷하게 지각하지 않은 것, 즉 그 자체로 명증하고 확실한 원리들로부터 연역되지 않는 것은 어떠한 것도 긍정하지 않는다는 것을 주의 깊게 받아들인다면, (이로부터 명백히 이해되는바) 우리는 언제나 오류에 빠지지 않고 결코 속지 않도록 주의할 수 있다.

정리 15

오류는 긍정적인 무엇이 아니다.[103]

증명

만일 오류가 긍정적인 무엇이라면, 오직 신만이 〔오류의〕 원인으로 간주될 것이며, 〔오류는〕 신에 의해서 지속적으로 창조되어야 할 것이다(정리 12에 따라). 그러나 이것은 부조리하다(정리 13에 따라). 그러므로 오류는 긍정적인 무엇이 아니다. 증명 끝.

주석

173

오류는 인간이 지니고 있는 긍정적인 무엇이 아니기 때문에 올바른 의지 사용의 결여privatio에 지나지 않는다(정리 14의 주석에 따라). 따라서 신이 오류의 원인으로 간주되는 일은 오직 다음과 같이 말하는 경우에 한한다. '어둠의 원인은 태양의 부재이다' 또는 '신이 어떤 아이를 시각을 제외하고는 다른 아이들과 똑같이 만들었기 때문에, 신은 그 시각 장애의 원인이다'. 그러나 신이 우리에게 그저 몇 가지만 알 수 있는 지성을 부여했다는 이유로 오류의 원인으로 간주되어서는 안 된다.[104] 이것을 명증하게 이해하기 위해, 또한 동시에 어떻게 오류가 오로지 우리의 의지 오용에 달려 있는지 이해하기 위해, 끝으로 어떻게 우리가 오류를 피할 수 있는지를 이해하기 위해, 우리가 가지고 있는 사유의 양태들을 기억 속으로 되불러오자. 사유의 모든 양태는 두 가지로 분류될 수 있다. 지각의 모든 양태들(예컨대 감각, 상상, 순수 인식)과 의지의 모든 양태들(예컨대 추구, 거절, 긍정, 부정, 의심).[105]

그런데 이것들에 대해 주목해야 할 것은 다음과 같다. 1. 정신이 사물들을 맑고 또렷하게 파악하고 이것들에 동의하는 한에서, 정신은 오류에 빠지지 않는다(정리 14에 따라). 나아가 정신이 사물들에 동의하지 않고 지각하기만 하는 한에서 정신은 오류에 빠지지 않는다. 왜냐하면 내가 지금 날개 달린 말을 지각하고 있다 하더라도, 내가 날개 달린 말이 있다는 것을 참이라고 동의하지 않는 동안, 또한 날개 달린 말이 과연 있을지 내가 의심하는 동안, 이 지각은 확실히 아무런 오류도 없다. 또 '동의하다'란 '의지를 결정하다'와 다르지 않기 때문에, 결론적으로 오류는 오로지 의지의 사용에 달려 있다.

여기서 더욱 명백히 밝혀지는 바에 주목해야 한다. 2. 우리는 우리가 맑고 또렷하게 지각하는 것들에 동의하는 능력만이 아니라, 다른 방식으로 지각하는 것들에 동의하는 능력도 가지고 있다. 왜냐하면 우리의 의지는 아무런 제한에 의해서도 결정되어 있지 않기 때문이다. 이는 누구든지 다음에 주목하면 명백하게 알 수 있는 것이다. 즉 만일 신이 우리의 인식 능력을 무한하게 만들고자 했다면, 그는 우리가 파악한 모든 것에 우리가 동의할 수 있도록 우리가 지금 가지고 있는 것보다 더 광범한 동의 능력을 우리에게 주었을 것이다. 그러나 우리가 지금 가지고 있는 동의 능력은 무수히 많은 사물들에 동의하기에 충분할는지도 모른다. 또한 우리는 우리가 확실한 원리로부터 연역하지 않은 많은 것들에 동의한다는 것을 실제로 경험한다. 나아가 이로부터 명증한 바 만일 〔i〕지성이 의지 능력과 똑같은 넓이로 확장되었거나 〔ii〕의지 능력이 지성보다 넓지 않게 확장되었다면, 혹은 마지막으로 〔iii〕우리가 의지 능력을 지성 안에 잡아둘 수 있다면, 우리는 결코 오류에 빠지지 않을 것이다(정리 14에 따라).

174

그렇지만 우리는 앞의 두 조건〔i, ii〕에 대해 아무런 권한 potestas도 없다. 왜냐하면 이것들은 의지가 유한하게, 지성이 무한하게 창조되었다는 것을 뜻하기 때문이다. 따라서 세 번째 조건[iii], 즉 우리가 의지 능력을 지성의 한계 안에 잡아둘 권한을 가지고 있는지가 생각할 것으로 남아 있다. 그런데 의지는 자신을 결정할 때 자유롭기 때문에, 우리는 긍정 능력을 지성의 한계 안으로 잡아둘 권한을 가지고 있고 따라서 오류에 빠지지 않도록 작용할 권한을 가지고 있다. 이로부터 대단히 명백한바 우리가 결코 오류에 빠지지 않는 일은 오로지 자유 의지의 사용에 기대어 있다. 우리의 의지가 자유롭다는 것은《철학의 원리》1부 39항과 〈제4성찰〉에서 증명되었으며[106], 이 책의 부록 마지막 장에서도 상세히 제시되었다.[107] 또한 우리가 사물을 맑고 또렷하게 지각할 때 우리가 그것에 동의하지 않을 수 없다 하더라도, 이 필연적 동의는 우리 의지의 나약함에 기대어 있는 것이 아니라 오로지 그것의 자유와 완전성에 달려 있는 것이다. 왜냐하면 동의는 (충분히 자명한바) 참으로 우리 안에 있는 완전성이며, 의지는 자신을 독자적으로 결정할 때 더없이 완전하고 자유롭기 때문이다. 이러한 완전성은 정신이 무언가를 맑고 또렷하게 인식할 때 발생할 수 있기 때문에, 정신은 반드시 그 완전성을 곧바로 자신에게 부여한다(공리 5에 따라). 따라서 우리가 참된 것을 선택할 때 아예 차이 없는 indifferens 투로 있다는 것 때문에 우리가 우리 자신을 덜 자유롭다고 인식하는 것은 우리의 생각과 거리가 멀다. 왜냐하면 거꾸로 우리는 우리가 차이 없는 태도를 취하면 취할 수록 덜 자유로워진다는 점을 확실하게 주장하기 때문이다.

그리하여 이제 남아 있는 것은 어떻게 오류가 인간의 관점 175 에서는 결여와 다르지 않지만 신의 관점에서는 그저 부정 negatio인지를 밝히는 일뿐이다.[108] 이를 쉽게 알기 위해서 우선 주목할 점은, 우리는 명석하게 지각한 것 이외의 많은 것을 지각하며, 이러한 경우가 〔명석하게 지각한 것 이외의 많은 것을〕 지각하지 않는 경우보다 더 완전하다는 것이다. 이는 다음으로부터 명백하게 드러나는바, 만일 우리가 맑고 또렷하게 지각할 수 없고 그저 헛갈리게 지각할 뿐이라고 가정한다면, 우리는 이 헛갈린 지각보다 더 완전한 것을 아무것도 가지고 있지 않고 그리하여 우리는 더 이상 우리의 본성에 아무것도 기대할 수 없을 것이다. 나아가 헛갈린 것들일지라도 이에 동의하는 것은 이 또한 일종의 활동 actio인 한에서 완전성이다. 이것은 앞서 보았듯이 사물을 맑고 또렷하게 인식하는 것이 인간의 본성에 모순된다고 가정해보면 밝혀질 것이다. 만일 그렇다면, 언제나 차이 없는 투로, 즉 (우리가 보았던 대로) 자유의 최저 등급에 머물러 있기보다는 헛갈린 것들일지라도 그에 동의하고 자유를 실행하는 편이 인간에게 훨씬 더 좋은 일이기 때문이다. 또한 삶의 풍습과 관례를 보더라도 우리는 이것이 필수 불가결하다는 것을 깨닫게 되며, 이는 일상의 경험이 각자에게 충분히 가르쳐주는 바이다.

따라서 우리가 가지고 있는 생각의 모든 양태들은 그 자체로 볼 때 완전성들이기 때문에, 그런 한에서 오류의 형상을 이루는 것은 이것들 안에 있을 수 없다. 그런데 의지의 양태들이 특히나 서로 다르다는 점을 주목한다면, 우리는 어떤 양태들이 다른 양태들보다 의지를 덜 차이 없는 투로, 즉 더 자유롭게 하기 때문에 어떤 것들이 다른 것들보다 더 완전하다는 사실을 발견한다. 이어서 헛갈리는 것들에 동의하는 동안 정신으로 하여금 진리와 오류를 제대로 구분하지 못하도록 우리가 작용한다efficere는 것과 이로써 우리가 최상의 자유를 잃는다는 것도 알게 된다. 따라서 헛갈리는 것들에 동의하는 것은 그것이 긍정적인 것인 한 어떠한 불완전성도 오류의 형상도 담고 있지 않다.[109] 오히려 우리가 스스로 우리의 본성과 권한에 속한 최상의 자유를 빼앗는privare 한에서만 〔이러한 동의는 오류의 형상을 담고 있는 것이다.〕 따라서 오류라는 모든 불완전성은 오직 최상의 자유의 결여로부터 성립하며, 이것을 오류라 한다. 그러나 이것을 결여라고 한 까닭은 우리가 우리 본성에 속한 완전성을 빼앗기기 176 때문이다. 그런데 이것을 오류라고 하는 까닭은, 우리가 의지를 지성의 한계 안에 붙들어놓을 수 있는데도 그렇게 하지 않는 동안, 우리의 잘못culpa으로 그 완전성을 잃기 때문이다. 따라서 오류는 인간과 관련해 완전한 즉 올바른 자유 사용의 결여와 다르지 않기 때문에, 결론적으로 오류는 신으로부터 받은 능력 안에 있지 않으며, 능력들의 작용이 신에 기대어 있는 한 그 작용 안에 있지도 않다. 신이 우리에게 줄 수 있었던 지성보다 더 뛰어난 지성을 우리한테서 빼앗았고, 그리하여 그가 우리로 하여금 오류에 빠질 수 있도록 만들었다고 말해서도 안 된다. 어떤 사물의 본성은 신에게 무언가를 요구할 수 없으며, 어떤 사물에는 신의 의지가 그것에 허락하고자 했던 것 이외에 어떠한 것도 귀속되지 않는다. 왜냐하면 (이 책의 부록 2부 7, 8장에서 상세히 설명한 대로) 신의 의지에 앞서서는 아무것도 실존하지 않고, 인식될 수도 없기 때문이다. 따라서 신이 우리한테서 더 뛰어난 지성, 즉 더 완전한 인식 능력을 빼앗은 일은, 그가 원으로부터 구(球)의 속성들을, 구면의 속성으로부터 원주를 빼앗은 일에 불과하다.[110]

그러므로 우리의 능력을 아무리 고찰한다 하더라도 그중 어떠한 것도 신 안의 어떤 불완전성으로 간주될 수 없다. 따라서 오류의 형상을 이루고 있는 불완전성은 오로지 인간의 관점에서만 결여라는 것이 명백하다. 그러나 오류의 원인으로서 신의 관점에서는 그것은 결여가 아니라 단지 부정이라고 이야기할 수 있다.

정리 16

신은 몸이 있지 않다incorporeus.

증명

물체는 위치 운동의 직접적 주체subjectum이다(정의 7에 따라). 따라서 만일 신이 몸이 있다면 부분으로 나뉠 것이고, 이것은 명백히 불완전성을 포함하고 있기 때문에 이것을 신에 관하여 (정의 8에 따라) 주장하는 일은 부조리하다.

177

다른 방식의 증명

만일 신이 몸이 있다면, 부분들로 나뉠 수 있을 것이다(정의 7에 따라). 그런데 각 부분은 그 자체로 존립할 수 있거나 혹은 존립할 수 없을 것이다. 만일 이것이 신에 의해 창조된 다른 것들과 비슷하고, 따라서 모든 창조된 사물처럼 지속적으로 신에 의해 똑같은 힘으로써 창조되었으며(정리 10과 공리 11에 따라) 또한 다른 창조된 것들 못지않게 신의 본성에 속한다면, 이는 부조리하다(정리 5에 따라). 그런데 만일 각 부분이 그 자체로 실존한다면, 그 각각은 필연적 실존 또한 포함해야 할 것이고(정리 7, 보조정리에 따라), 결과적으로 그 각각이 가장 완전한 존재자일 것이다(정리 7, 보조정리 2의 따름정리에 따라). 그러나 이 또한 부조리하다(정리 11에 따라). 그러므로 신은 비물체적이다. 증명 끝.

정리 17

신은 가장 단순한 존재자이다.

증명

만일 신이 부분들로 합성되어 있다면, 부분들은 (모두가 쉽게 인정하듯) 적어도 본성상 신보다 앞서 있을 것인데, 이는 부조리하다(정리 12, 따름정리 4에 따라). 따라서 신은 가장 단순한 존재자이다. 증명 끝.

따름정리

이로부터 귀결되는바, 신의 지성과 의지, 또는 결정과 능력은 그 본성상 오로지 이성에 의해 구분될 뿐이다.

178

정리 18

신은 변하지 않는다.

증명

만일 신이 변화한다면, 부분에 의해서가 아니라 본질 전체에 의해 변화될 수밖에 없을 것이다(정리 17에 따라). 그런데 신의 본질은 필연적으로 실존한다(정리 5, 6, 7에 따라). 따라서 신은 변하지 않는다.[111] 증명 끝.

정리 19

신은 영원하다.

증명

신은 가장 완전한 존재자이며(정의 8에 따라), 이로부터 귀결되는바(정리 5에 따라) 바로 그는 필연적으로 실존한다. 나아가 만일 우리가 바로 그에게 제한된 실존을 부여한다면, 그 실존의 한계는 필연적으로 알려질 것이고, 만일 이것들이 우리에게 알려지지 않는다 하더라도 적어도 신 자신에게는 알려질 것이다(정리 9에 따라). 왜냐하면 그는 모든 것을 알기 때문이다. 이런 까닭에 신은 이 한계들 너머에서 저 자신을, 즉 (정의 8에 따라) 가장 완전한 존재자를 실존하지 않는 것으로 파악할 것인데, 이는 부조리하다(정리 5에 따라). 따라서 신은 제한된 실존이 아니라 무한한 실존, 이른바 영원성을 가지고 있다. 이 책의 부록 2부 1장을 보라. 그러므로 신은 영원하다. 증명 끝.

정리 20

신은 모든 것을 영원으로부터 예정했다.

증명

신은 영원하기 때문에(앞의 정리에 따라), 그의 예지intelligentia는 영원하다. 왜냐하면 그의 예지가 그의 영원한 본질에 속하기 때문이다(정리 17, 따름정리에 따라). 그러나 그

179

의 지성은 그의 의지 즉 결정과 실재적으로 구분되지 않는

다(정리 17, 따름정리에 따라). 따라서 신이 영원으로부터 사물들을 인식하고 있었다고 말하는 것은, 동시에 그가 영원으로부터 그렇게 사물들을 의도했거나 결정했다고 말하는 것과 같다. 증명 끝.

따름정리

이 정리로부터 귀결되는바, 신은 자신의 일에 있어서 가장 일관된 자이다.

정리 21

길이, 넓이, 높이로 펼쳐진 실체substantia extensa는 참으로 실존하고, 우리는 이것의 한 부분과 통합되어 있다.

증명

우리가 맑고 또렷하게 지각하는바, 〔공간상〕 펼쳐진 실체는 신의 본성에 속하지 않는다(정리 16에 따라). 그러나 신에 의해 창조될 수 있다(정리 7의 따름정리에 따라, 또 정리 8에 따라). 따라서 만족, 고통, 그리고 유사 관념들, 즉 감각 내용들은 우리가 원하지 않아도 끊임없이 우리 안에서 생산되는 것으로서, 우리는 (각자가 생각하는 동안 제 안에서 깨닫는바) 〔공간상〕 펼쳐진 실체〔=우리의 신체〕가 이 생산에 대한 충분한 근거임을 맑고 또렷하게 지각한다. 그런데 만일 우리가 〔공간상〕 펼쳐진 실체를 제외하고 우리의 감각 내용에 관한 다른 근거 ── 말하자면 신이나 천사 ── 를 지어내려 한다면, 곧바로 우리는 우리가 가지고 있는 맑고 또렷한 관념을 파괴하는 꼴이 된다.[112] 이러한 까닭에 우리의 지각에 올바로 집중함으로써 오로지 맑고 또렷하게 지각한 것만을 받아들이는 한에서, 우리는 펼쳐진 실체가 우리 감각 내용의 유일한 근거임에 동의하는 쪽으로, 따라서 신이 창조한 〔공간상〕 펼쳐진 것res extensa이 실존함을 긍정하는 쪽으로 기울어질 것이다. 다시 말해 결코 무차별한 상태로 있지 않을 것이다. 그리고 이에 관해서 우리는 확실히 속을 수 없다(정리 14 및 주석에 따라). 왜냐하면 길이, 넓이, 높이로 펼쳐진 실체가 실존한다는 사실이 참으로 긍정되기 때문이다. 이것이 첫 번째 요점이다.

180

나아가 우리는 (우리가 이미 증명했듯) 〔공간상〕 펼쳐진 실체로부터 우리 안에서 산출되는 것임에 틀림없는 우리의 감각 내용들 사이에서, 다시 말해 내가 나는 나무를 지각한다 또는 본다고 말하는 경우나, 나는 목이 마르다 또는 통증을 느낀다고 말하는 경우에, 커다란 차이를 관찰한다. 그러나 내가 물질의 한 부분과는 긴밀하게 통합되어 있고 다른 부분들과는 그렇지 않다는 것을 우선적으로 파악하지 않는다면 이 차이의 원인을 지각할 수 없다는 것을 나는 명백하게 알고 있다. 이러한 것을 내가 맑고 또렷하게 인식하고 또한 다른 식으로는 지각할 수 없기 때문에, 내가 물질의 한 부분과 통합되어 있다는 것은 참이다(정리 14 및 주석에 따라). 이것이 두 번째 요점이다. 그리하여 우리는 증명되어야 할 것을 증명했다.

주: 만일 여기서 독자가 자신을 몸 없이 생각하는 실체로서 숙고하지 않는다면, 또한 몸의 실존을 확신하기 위해 이제까지 지니고 있던 모든 논증을 선입견으로서 제쳐놓지 않는다면, 이 증명을 이해하려는 독자의 시도는 헛된 일이 될 것이다.

1부 끝.

부록

형이상학적 사유

—일반 및 특수 형이상학에서 떠오르는 난제들에 대한 짤막한 해명

233

제1부
일반 형이상학에서 존재자와 그 변용[113]에 관하여 떠오르는 근본 물음들에 대한 짤막한 해명

제1장
실재적 존재자, 허구적 존재자, 그리고 이성의 존재자에 관하여[114]

이 학문의 정의는 물론 그 대상에 대해서도 나는 말하지 않겠다. 그보다는 오히려 형이상학의 저자들이 여기저기서 명료하지 않게 다룬 문제들을 여기서 해명하고자 한다.

존재자의 정의

따라서 존재자의 정의에서 시작해보자. 존재자란, 우리가 맑고 또렷하게 지각할 때 필연적으로 실존하거나 적어도 실존할 수 있다고 인식하는 그 모든 것이다.

키메라 및 허구적 존재자, 이성의 존재자는 존재자가 아니다.

이러한 정의 또는 ―― 독자가 이 표현을 원한다면 ―― 기술descriptio에 따라 귀결되는바 키메라 및 허구적 존재자, 이성의 존재자는 결코 존재자에 속할 수 없다. 키메라Chimaera[115]는 그 본성상 실존할 수 없기 때문에 존재자에 속할 수 없다. 허구적 존재자ens fictum는 인간이 순전히 자의적으로, 그리고 오류의 경우처럼 무의식적인 것이 아니라 계산적이고 의식적으로, 그가 결합하고자 하는 바를 결합하고 분리하고자 하는 바를 분리한 것이며, 따라서 맑고 또렷하게 지각되지 않기 때문에 존재자에 속할 수 없다. 마지막으로 이성의 존재자ens rationis는 인식된 것을 더 쉽게 간직하고 해명하고 상상하는[116] 데에 쓰이는, 사유의 양태 이외에 아무것도 아니기 때문에 존재자에 속할 수 없다. 여기서 주목해야 할 것은 이미 1부 정리 15의 주석에서 밝힌바 생각의 양태가 지성, 기쁨, 상상력 등과 같은 생각의 모든 변용을 뜻한다는 점이다.[117]

234 우리는 생각의 어떤 양태로써 사물을 간직하는지

그런데 저 유명한 기억 법칙을 사용하는 사람들에게는 충분히 명증한바, 우리가 사물을 더욱 확실하고 쉽게 간직하고, 원하는 때에 정신으로 불러들이거나 정신에 현전하는 것으로 붙잡아 두는 데에 쓰이는, 사유의 특정한 양태들이 있다. 즉 우리는 기억 법칙에 따라 새로운 것을 간직하고 기억에 각인시키기 위해 우리에게 익숙한 다른 것을 이용하는데, 이것은 개념 또는 사물 자체에 있어서 새로운 것과의 공통점을 가지고 있어야 한다. 철학자들도 마찬가지로 모든 자연 사물을 특정한 유형들classis로 분류하여 새로운 것을 마주했을 때 이 유형들을 좇아 생각했다. 이런 것을 일컬어 유genus, 종species(또는 형상) 등이라고 한다.

우리는 사유의 어떤 양태로써 사물을 해명하는지

다음으로 우리는 사물을 해명하기 위한 생각의 양태도 가지고 있다. 물론 이런 해명은 한 사물을 다른 사물과의 비교를 통해 규정함으로써 이루어진다. 우리가 이런 해명을 수행하는 데에 사용하는 생각의 양태를 일컬어 시간tempus, 수numerus, 도(度, mensura)[118]라고 하고, 그 밖의 다른 것들이 여기에 추가된다. 그런데 이들 가운데 시간은 지속을, 수는 개별적인 양을, 도는 연속적인 양을 해명하는 데에 쓰인다.[119]

우리는 사유의 어떤 양태로써 사물을 상상하는지

마지막으로, 우리는 인식하는 모든 사물을 상상력에서 어떤 그림imago으로 본뜨는 일[120]에 익숙하므로, 존재하지 않는 것들을 존재자들과 똑같이 긍정적으로positivè 상상한다. 왜냐하면 정신은 그 자체로 생각하는 것이므로, 부정 능력에 못지않은 긍정 능력을 지니고 있기 때문이다.[121] 그러나 상상imaginari이란, 영혼이 대상에 의해 감관들sensus에서 자극을 받아 움직인 뒤, 두뇌에 남겨진 자취를 감각하는 것sentire에 지나지 않기 때문에, 그러한 감각 내용sensatio은 단지 헛갈린 긍정이 아닐 수 없다.[122] 그리하여 우리는 정신이 부정하는 데 사용하는 모든 양태를 마치 존재자처럼 상상하게 되는 것이다——예컨대 시각 장애, 극단이나 끝, 한계, 암흑 등.[123]

이성의 존재자는 왜 사물에 대한 관념이 아닌지, 그럼에도 왜 그렇게 간주되는지

따라서 명백히 이러한 사유의 양태들은 사물에 대한 관념도 아니고 결코 관념으로 분류될 수도 없다. 따라서 이것들은 필연적으로 또는 가능적으로 실존하는 어떠한 대상ideatum도 지니고 있지 않다.[124] 그런데도 이 사유의 양태들이 사물의 관념으로 간주되는 까닭은 이것들이 충분히 주의를 기울이지 않는 사람들은 아주 쉽게 헛갈릴 만큼 직접적으로 실재적 존재자의 관념으로부터 기원하고 발생하기 때문이다. 그리하여 그들은 이것들이 짐짓 우리 정신 밖에 실존하는 존재자들을 가리키는 양 이것들에게 이름까지 붙여주기 235 에 이르렀다. 그러한 존재자들, 아니 헛것들이 이성의 존재자라고 일컬어져왔다.

존재자의 잘못된 구분—실재적 존재자와 이성의 존재자

이로부터 간단히 알려지는바, 존재자가 실재적 존재자와 이성의 존재자로 구분되는 것은 타당하지 않다. 왜냐하면 이것들은 존재자와 헛것, 또는 존재자와 사유의 양태로 구분되기 때문이다. 그러나 철학자들이 비슷한 언어적 또는 문법적 오류에 빠지는 것은 놀랄 일이 아니다. 그들은 이름으로 미루어 사물을 판단하긴 해도, 사물로 미루어 이름을 판단하지는 않는다.

어떻게 이성의 존재자는 한갓 아무것도 아닌 것이라고 주장될 수 있는지, 또 어떻게 실재적 존재자라고 주장되는지

'이성의 존재자가 한갓 아무것도 아닌 것[125]은 아니다'라고 말하는 사람 또한 만만치 않게 부조리하다. 왜냐하면 만일 그가 그 이름이 지시하는 바를 지성 밖에서 찾는다면 그것이 한갓 아무것도 아닌 것임을 깨달을 것이지만, 만일 그것이 바로 생각의 양태임을 안다면, 그것은 참으로 실재적 존재자이기 때문이다. 왜냐하면 나는 종species(또는 형상)이 무엇인지를 물으면서, 다른 생각의 양태와는 구분되고 사실은 존재자인, 바로 이 생각의 양태의 본질을 묻고 있기 때문이다.[126] 그러나 우리는 생각의 이러한 양태에 대해 관념이라 말할 수 없고, 마치 사랑의 옳고 그름을 말할 수 없는 것처럼 옳고 그름을 말할 수도 없으며, 오로지 잘잘못[127]만을 말할 수 있다. 그리하여 플라톤이 '인간은 깃〔털〕 없는 두 발 동물이다'라고 말했을 때[128] 그가 '인간은 이성적 동물이다'라고 말한 사람들보다 더 큰 실수를 저지른 것은 아니다. 플라톤은 인간이 이성적 동물이라는 점을 누구 못지않게 알고 있었다. 그러나 그는 인간에 대해 생각하려 했을 때 자신이 떠올리기 쉬운 유형을 거쳐 생각함으로써 이내 인간에 관한 생각에 이르고자, 인간을 특정한 유형으로 분류했던 것이다. 만일 아리스토텔레스가 인간의 본질을 자신의 정의〔=인간은 이성적 동물이다〕로써 적합하게 해명했노라고 믿었다면, 중대한 실수를 저지른 것은 오히려 아리스토텔레스이다. 물론 플라톤이 옳았는지 아닌지가 탐구되어야 하겠지만, 이 자리에서 다룰 일은 아니다.[129]

사물을 탐구할 때 실재적 존재자와 이성의 존재자를 헛갈리지 말아야 한다

앞서 말한 모든 점에서 명증한바, '실재적 존재자'와 '이성의 존재자'의 대상 사이에는 아무런 공통점도 없다. 따라서 우리가 사물을 탐구할 때 이 둘 사이의 헛갈림을 얼마나 신중하게 알아채야 하는지도 쉽게 알 수 있다. 다시 말해 하나 236 는 사물의 본성을 탐구하는 문제이고 다른 하나는 우리가 사물을 지각하는 데에 사용하는 양태를 탐구하는 문제이다. 만일 이것이 헛갈린다면, 우리는 지각의 양태와 본질 자체를 모두 인식할 수 없게 된다. 그러나 가장 중요한 점은 이것이 우리를 중대한 오류에 빠뜨리는 원인이라는 것이며, 이러한 일은 지금도 많은 경우에 일어나고 있다.

이성의 존재자와 허구적 존재자는 어떻게 구분되어야 하는지

알다시피 이성의 존재자와 허구적 존재자는 많이들 헛갈려 한다. 왜냐하면 허구적 존재자도 정신 외부의 어떤 실존을 지니지 않는다는 점에서 역시 이성의 존재자라고들 생각하기 때문이다. 그러나 앞서 말한, 이성의 존재자와 허구적 존재자의 정의에 잘 집중한다면, 이들의 원인으로부터는 물론, 원인과는 별도로 그 본성으로부터도 이들 사이의 큰 차이점이 발견될 것이다. 왜냐하면 우리는 허구적 존재자를 이성의 안내 없이 단지 자의적으로 연결된 두 항으로 정의했고, 따라서 허구적 존재자는 경우에 따라 참일 수도 있기 때문이다. 그러나 이성의 존재자는 그 정의로부터 충분히 밝혀지는바 자의에만 기대어 있는 것도 아니고 두 항이 서로 결합되어 있는 것도 아니다. 그리하여 만일 누군가가 허구적 존재자가 실재적 존재자인지 아니면 이성의 존재자인지를 묻는다면, 우리는 존재자를 실재적 존재자와 이성의 존재자로 구분하는 일은 그릇된 것이고 허구적 존재자가 실재적 존재자인지 이성의 존재자인지를 묻는 물음은 오류에 기초한 것이라고 우리가 했던 말을 반복해 대답하는 수밖에 없다. 왜냐하면 이 물음은 모든 존재자가 실재적 존재자와 이성의 존재자로 구분된다는 점을 전제하고 있기 때문이다.

존재자의 구분

이제 좀 멀어진 것 같은 우리의 주제로 돌아가보자. 앞서 제시한 존재자의 정의 또는 ― 독자가 이 표현을 선호한다면 ― 기술로부터 쉽게 알려지는바, 존재자는 그 본성상 필연적으로 실존하는 것, 즉 그 본성이 실존을 포함하는 것과 그 본성이 단지 가능적 실존을 포함하는 것으로 구분되어야 한다. 단지 가능적 실존을 포함하는 존재자는 실체와 본질로 구분되며, 이것들의 정의는 《철학의 원리》 1부 51, 52, 56항에 제시되어 있는 만큼 여기서 반복할 필요는 없겠다. 그러나 이 구분과 관련하여 사람들이 이것만은 알았으면 한다. 우리는 명시적으로 주장하는바 존재자는 실체와 우연적 속성accidens으로 구분되는 것이 아니라 실체와 양태로 구분된다.[130] 왜냐하면 우연적 속성은 단지 관점respectum을 의미한다는 점에서 다름 아닌 사유의 한 양태이기 때문 237 이다. 예를 들어 내가 어떤 삼각형이 움직인다고 말할 때 움직임은 삼각형의 양태가 아니라 움직이는 물체의 양태이다. 따라서 움직임은 삼각형의 관점에서는 이른바 속성인 반면, 물체의 관점에서는 실재적 존재자 또는 양태인 것이다. 왜냐하면 움직임은 삼각형 없이 인식될 수 있어도, 물체 없이는 인식되지 않기 때문이다.

〔마지막 단락은 다음 장을 간단히 예고하는 내용이므로 옮긴이가 생략했다.〕

제2부
특수 형이상학에서 신과 그 속성, 인간의 정신에 관하여 떠오르는 근본 물음들에 대한 짤막한 해명

제1장
신의 영원성에 관하여

실체의 구분

사물의 본성에는 오로지 실체와 그 양태만이 속한다는 것은 이미 앞서 우리가 보였던 바이다.[131] 그러니 우리가 여기서 실체적 형상과 실재적인 우연적 속성에 관하여 무언가 말할 것이라고 기대해서는 안 된다. 왜냐하면 이러한 것들은 아예 쓸모가 없기 때문이다. 다음으로 우리는 실체를 펼침과 생각이라는 두 가지 최고 등급의 유summus genus로 구분했고, 생각을 창조된 생각 즉 인간 정신과 창조되지 않는 생각 즉 신으로 구분했다.[132] 그런데 신의 실존은 우리가 가 250

지고 있는 관념으로부터 후험적으로는 물론, 그의 실존의 원인인 그의 본질로부터, 즉 선험적으로도 충분히 증명했다.[133] 그러나 〔거기서는〕 신의 몇 가지 속성을 그 논증의 품위가 요구하는 만큼 충분히 다루지 못했으니, 여기서 이를 반복하여 더 상세하게 해명하고, 동시에 다른 문제들을 풀어보기로 한다.

지속성은 신에게 속하지 않는다

다른 무엇보다 먼저 고찰해야 할 가장 중요한 속성은 우리가 신의 지속성duratio[134]을 표현하는 데에 사용하는, 신의 영원성이다. 아니 오히려 우리는 신에게 어떠한 지속성도 귀속시키지 않기 위해서 그가 영원하다고 말한다. 왜냐하면 1부에서 강조했던바, 지속성이란 사물의 본질이 아니라 그 실존의 변용이기 때문이다.[135] 그러나 우리는 제 본질로부터 실존을 지니고 있는 신에게 지속성을 귀속시킬 수 없다. 왜냐하면 이것을 신에게 귀속시키는 사람은 신의 실존과 그 본질을 구분하기 때문이다. 그럼에도 불구하고 신이 아담을 창조한 후 지금은 더 이상 실존하지 않는지 묻는 사람들이 있다. 또한 이것〔=지금도 실존한다는 답변〕이 이들에게는 충분히 명백해 보이기 때문에 이들은 결코 지속성이 신과 분리되어 있다고 생각하지 않는다. 그러나 이는 선결 문제 요구의 오류〔petitio principii〕이다.[136] 즉 이들은 아담 시대까지 실존했던 신이 그 후로 우리 시대까지 자기 실존에 약간의 시간을 추가한 것은 아닌지 물음으로써 신의 실존이 그 본질과 구분된다는 것을 전제하고 있다. 이 때문에 이들은 신에게 날이면 날마다 더 긴 지속성을 추가하고, 신이 마치 계속적으로continuò 스스로를 창조하는 것처럼 생각한다.[137] 만일 이들이 신의 실존과 본질을 구분하지 않는다면, 이들은 신의 실존에 지속성을 부가할 수 없을 것이다.[138] 왜냐하면 지속성은 결코 사물의 본질과 일치하지 않기 때문이다.[139] 아무도 원이나 삼각형의 본질이, 그것이 영원한 진리인 한에서, 아담 시절보다 더 오래전부터 지속해왔다고 말하지 않을 것이다.[140] 더하여 지속성은 길거나 짧은 것으로서, 즉 부분들로 이루어진 것으로서 인식되기 때문에, 결론적으로 명백히 지속성은 신에게 속할 수 없다. 사실 그의 존재는 영원하기 때문에, 즉 그에게 '더 일찍'이나 '더 늦게'라는 것은 있을 수 없기 때문에[141] 우리는 결코 그에게 지속성을 귀속시킬 수 없다. 그렇지 않으면 우리는 우리의 참된 신 관념을 파괴하게 되고, 다시 말해 우리가 본성상 무한하고 오로지 무한한 것으로만 인식하는 것에 지속성을 귀속시킴으로써 그것을 부분들로 해체하게 될 것이다.

251

왜 저자들은 신에게 지속성을 부가했는지

이 저자들이 오류에 빠진 원인은 다음과 같다. 1. 그들은 마치 영원성이 신성한 본질을 고찰하지 않고서도 인식될 수 있다는 듯, 또는 신적 본질과는 다른 어떤 것이라는 듯, 신에 대한 통찰 없이 영원성을 해명하려고 시도했기 때문이다. 이런 일은 다시 언어의 결함으로 발생한다. 우리는 본질과 실존이 구분되는 사물에 영원성을 귀속시키는 데 익숙해져 있기 때문이다. 예컨대 세계는 영원으로부터 있어왔다는 말에 아무런 모순도 없다고 우리가 말하는 경우, 또한 어떤 사물을 실존하지 않는 것으로 인식하고 있으면서도 우리가 이를 일컬어 영원하다고 말함으로써 그 사물의 본질에 영원성을 귀속시키는 경우. 2. 그들은 우리처럼 사물의 본질이 그 실존과 구분되는 경우가 아니라 사물이 지속적인 변화에 속해 있다고 판단한 경우에만 지속성을 사물에 귀속시켰기 때문이다. 3. 그들은 신의 본질을 창조된 사물의 경우처럼 그 실존으로부터 구분했기 때문이다. 이르건대 이러한 오류들이 그들에게 또 다른 오류의 계기를 선사했다. 즉 첫 번째 오류는 그들로 하여금 영원성이 무엇인지 모르도록 만들었고 그러면서도 그것을 일종의 지속성으로 간주하게 했다. 두 번째 오류는 그들로 하여금 창조된 사물의 지속성과 신의 영원성 사이의 차이를 발견하기 어렵게 만들었다.[142] 끝으로 마지막 오류는 그들로 하여금 신의 실존을 본질로부터 구분하게 해, 말했듯이 신에게 지속성을 귀속시키게 만들었다 ── 지속성은 오로지 실존의 변용일 뿐이다.

영원성이란 무엇인지

그러나 영원성이 무엇이고, 어떻게 그들이 신성한 본질을 통찰하지 않고서 영원성을 인식하는지 더 잘 이해하기 위해서 앞서[143] 말했던 것에 주목해보자 ── 창조된 사물, 즉 신을 제외한 모든 것은 자신의 힘에 의해서가 아니라 언제나 신의 힘 즉 본질에 의해서만 실존한다. 이에 따라 사물의 현 252 재 실존은 그 미래 실존의 원인이 아니다. 오로지 신의 불변성만이 그것의 원인이며, 이 때문에 우리는 '신은 처음 사물을 창조한 후 그것을 지속적으로 보존할 것이며, 같은 말로 그 창조 행위를 지속할 것이다'라고 말할 수밖에 없다.[144] 이로부터 귀결되는바 1. 창조된 것은 실존을 누린다고 말할 수 있다. 왜냐하면 실존이 그것의 본질에 속하지 않기 때문이다.[145] 그러나 신이 실존을 누린다고 말할 수 없다. 왜냐하면 신의 실존은 그의 본질인바 신 자체이기 때문이다. 결론적으로 창조된 사물은 실존을 누린다. 그러나 신은 결코 그렇지 않다. 2. 창조된 모든 것은 현재의 지속성과 실존을 누리는 동안 미래의 지속성과 실존을 완전히 결여하고 있다. 그것이 지속적으로 그들에게 귀속되어야 하기 때문이다. 반면에 그것의 본질에 관해서는 그렇게 이야기할 수 없다. 그러나 신의 실존은 그의 본질로부터 왔기 때문에, 우리는 그에게 미래의 실존을 귀속시킬 수 없다. 왜냐하면 그가 나중에 가지게 될 것[=미래의 실존]이 지금도 그에게 현실적으로 귀속되어야 하기 때문이다. 아니 더 정확히 말하자면, 무한한 현실적 지성이 신에게 귀속하는 것과 같은 방식으로 무한한 현실적 실존이 그에게 귀속하기 때문이다.[146] 나는 이 무한한 실존을 영원성이라고 부른다.[147] 이것은 오로지 신에게 귀속되어야 하며, 결코 창조된 것에는 귀속될 수 없다. 내가 창조된 것의 지속성이 양쪽으로 끝이 없다고 아무리 말해봐도 마찬가지이다.

영원성에 관해서는 이쯤 하자. 우리는 신의 본질로부터 그 실존을 증명했으니[148], 새삼 신의 필연성에 관해 논의할 필요는 없겠다. 그러니 신의 유일성으로 건너가 보자.

제2장
신의 유일성에 관하여[149]

우리는 다음과 같이 신의 유일성을 증명하려 시도하는 저자들의 하잘것없는 논증에 자주 깜짝 놀라곤 한다. '만일 누군가가 세계를 창조할 수 있다면, 그 나머지는 덧없는 것들이다.' '위로 모든 것이 똑같은 목적을 향해 다함께 협력한다면, 그것들은 단 하나의 제작자에 의해 생산되었다.' 〔사물들의〕 관계 즉 외적 의미(外延, denominatio extrinceca)를 전제하고 있는 비슷한 다른 논증들도 있다. 그러니 이것들은 모두 잊고, 여기서는 우리의 증명을 가능한 한 명증하고 간결하게 제시해보자.

신은 하나이다

253

우리는 신의 속성들 가운데 최고의 지성을 열거한 바 있고[150], 그가 모든 완전성을 다른 것으로부터가 아니라 그 자신으로부터 지니고 있다는 점도 덧붙였다. 만일 독자가 여러 신'들' 혹은 가장 완전한 존재자'들'이 있다고 말한다면 이들 모두는 반드시 최고의 지성'들'임에 틀림없다. 만일 그러하다면, 그들 각각이 오로지 저 자신만을 인식한다는 말은 근거를 잃는다.[151] 왜냐하면 그들 각각은 모든 것을 인식함에 틀림없고, 따라서 그 자신과 나머지 다른 것들을 인식함에 틀림없기 때문이다. 이로부터 귀결되는바 각각의 지성이 지닌 완전성은 일부는 제 자신에 일부는 다른 것에 기대어 있을 것이다. 그러므로 그들 가운데 어떤 것도 가장 완전한 존재자일 수 없다. 다시 말해 방금 주목했다시피 어떤 것도 자신의 모든 완전성을 다른 것으로부터가 아니라 그 자신으로부터 지니고 있는 존재자일 수 없다. 그렇지만 우리는 이미 신이 가장 완전한 존재자라는 것과 그가 실존한다는 것을 증명했기 때문에, 따라서 이제 우리는 그가 유일한 것으로서 실존한다고 결론 내릴 수 있다. 왜냐하면 만일 여러 신들이 실존한다면, 가장 완전한 존재자가 불완전성을 지니게 될 것이기 때문이다. 이는 부조리하다. 신의 유일성에 관해서는 이쯤 하자.

260

제7장
신의 지성에 관하여

261 신은 모든 것을 안다

우리는 앞서 신의 속성들 가운데 전지(全知, Omniscientia)를 열거했고, 이것은 확실히 신에게 귀속된다. 왜냐하면 인식은 완전성을 포함하기 때문이다. 신은 가장 완전한 존재자로서 어떤 완전성도 결여해서는 안 된다. 그러므로 최고 등급의 인식은 신에 귀속함에 틀림없다. 즉 그러한 인식은 어떤 무지나 인식의 결여를 전제하거나 가정하지 않는다. 만일 그렇다면 그 속성 자체인 신이 불완전성을 지닐 것이기 때문이다. 이로부터 귀결되는바 신은 결코 가능적 지성을 지니고 있지 않으며[152], 추론을 통해 결론에 이르지도 않는다.

신의 인식 대상은 신 밖에 없다.

나아가 신의 완전성으로부터 귀결되는바 그의 관념은 마치 우리처럼 그 외부에 있는 대상에 의해 한정되지 않는다.

반면에 신에 의해 신 외부로 창조된 것은 신의 지성에 의해 규정되어 있다.[153] 그렇지 않다면, 이 대상들은 자신의 본성과 본질을 자신을 통해서 지니게 될 것이고 따라서 적어도 본성만큼은 신의 지성에 선행할 것이기 때문이다. 이는 부조리하다. 또한 몇몇 사람들은 이 점을 충분히 숙고하지 않았기 때문에 〔다음과 같은〕 심각한 오류에 빠졌다. 어떤 사람들이 확고히 주장하는 바에 따르면, 신 외부에는 그와 더불어 영원하며 그 자체로 실존하는 물질materia이 있는데[154], 이것을 신이 인식하여, 혹자에 따르면, 단지 질서 잡았을 뿐이고[155], 혹자에 따르면, 그것에 형상을 새겨넣었다.[156] 다음으로 어떤 사람들이 주장하는 바에 따르면, 사물은 제 본성에 따라 필연적이거나 불가능하거나 우연적이며, 따라서 신 262 역시 이것〔=우연적인 것〕을 〔그저〕 우연적인 것으로서 인식하고 이것이 실존하는지 아닌지는 전혀 모른다. 마지막으로 또 다른 사람들이 이야기하는 바에 따르면, 신이 이 우연적인 것들을 아마도 자신의 오랜 경험의 덕으로 자신과 다른 사물들의 관계를 통해[157] 알고 있다. 그 밖에 이와 유사한 다른 오류들은 앞서 말한 것으로부터 그릇되었음이 명백하기 때문에, 나는 이것들을 쓸데없는 것으로 판단하고 여기서 더 이상 언급하지 않겠다.

신의 인식 대상은 신 자신이다

이제 우리의 주제로 되돌아가 보자. 신 외부에 그의 인식 대상은 없고, 오히려 그 자신이 자신의 인식 대상이다. 아니 오히려 그는 자기 인식이다. 세계도 신의 인식 대상이라고 생각하는 사람들은 여러 명의 건축가가 지은 한 건물이 건축가의 인식 대상이라고 주장하는 사람들보다 훨씬 더 지혜롭지 못하다. 왜냐하면 건축가는 자기 외부의 적절한 재료materia를 구할 수밖에 없다. 그러나 신은 자기 외부의 어떤 재료를 구한 적이 없고, 오히려 사물이 그 본질과 실존에서 볼 때 신의 지성 즉 의지에 의해 지어졌다.

신은 어떻게 악한 것, 이성의 존재자 등을 아는지

이제 이런 물음이 떠오른다. '신은 악한 것, 또는 죄, 그리고 이성의 존재자와 그 밖의 비슷한 것들을 아는가?' 우리는 대답한다. '신은 사물의 원인이며, 그러한 사물을 알고 있음에 틀림없다. 무엇보다 사물은 신의 참여concursus divinus 없이 한 순간도 실존할 수 없기 때문이다.' 따라서 죄악은 사물에 속하는 것이 아니라 오로지 사물들 사이를 비교하는 인간의 정신에 속할 따름이므로 신은 인간의 정신 밖에서 죄악을 인식하지 않는다고 결론 내려진다.[158] 우리는 이성의 존재자가 생각의 양태라고 말했고[159], 이것은 이러한 방식으로, 즉 우리가 신을 인간 정신(이것이 어떻게 만들어졌든지)의 보존자이자 창조자로서 지각하는 한에서, 신에 의해 인식됨에 틀림없다.[160] 그러나 신이 자신이 인식하는 바를 더 쉽게 간직하기 위해 이런 사유의 양태를 지니고 있다고 말하는 것은 아니다.[161] 우리가 말했던 몇 가지 논점들에 제대로 집중하기만 한다면, 신의 지성에 관해 쉽게 풀리지 않을 문제는 없을 것이다.

신은 어떻게 개별자와 보편자를 아는지

그러나 우리는 그동안 몇몇 사람들의 오류를 지나쳐야만 했다. 이들의 주장에 따르면, 신은 천사와 천체같이 ―― 그들은 이것들이 본성상 생성, 소멸하지 않는다고 상상했다 ―― 영원한 것만을 인식하지만, 이 세계에서는 오로지 종species만을 인식한다. 왜냐하면 종은 생성, 소멸하지 않기 때문이다.[162] 이들은 정말이지 오류에 빠지기 위해 가장 부 263 조리한 것을 생각하려 애쓰는 것처럼 보인다. 도대체 신의 참여 없이는 한 순간도 존재할 수 없는 개별자들로부터 신의 생각을 분리하는 것보다 더 부조리한 것이 무엇이란 말인가? 이어서 그들은 신이 실재적으로 실존하는 사물은 몰라도, 보편자는 (이것은 개별자의 본질 없이는 있을 수도 뭔가를 가질 수도 없다) 인식한다고 날조한다. 거꾸로 우리는 신에게 개별자에 대한 인식을 귀속시킨다. 또한 그가 인간의 정신을 인식하고 있지 않다면, 그런 한에서 그에게 보편

자에 대한 인식을 귀속시키지 않을 것이다.[163]

신은 단 하나의 단순 관념만을 가지고 있다

마지막으로 이 논의를 마치기에 앞서 우리는 다음 물음을 다루어야 한다. '신은 여러 관념을 가지고 있는가, 아니면 단 하나의 단순 관념만을 가지고 있는가?' 나는 대답한다. '신은 그의 관념 때문에 모든 것을 안다고 일컬어지며, 이런 관념은 단 하나이자 가장 단순하다.'[164] 참으로 신이 전지하다 일컬어지는 까닭은, 오로지 그가 자신에 대한 관념을 가지고 있고 이러한 관념 즉 인식이 언제나 그와 함께 실존해왔기 때문이다. 다시 말해 이것〔=신의 자기 관념 즉 인식〕은 다름 아닌 그의 본질이며, 다른 방식으로는 있을 수 없다.

피조물에 관한 신의 지식이란 무엇인지

그러나 피조물에 관한 신의 인식cognitio은 엄밀히 말해서 신의 지식scientia에 연관될 수 없다.[165] 만일 신이 하고자 했다면 창조된 사물은 신의 자기 인식에 들어 있지 않은 다른 본질을 가졌을지도 모르기 때문이다.[166] 그렇지만 여기서 이러한 질문이 떠오른다. 정확한 표현이든 아니든, '피조물에 대한 신의 인식은 여럿인가 아니면 단 하나인가?' 그러나 우리는 대답한다. '이 질문은 신의 뜻[167]이 여럿인지 아닌지 묻는 것과 다르지 않다. 또한 신은 자신의 편재(遍在,

ubiquitas)나 참여로써 개별적 사물을 보존하며, 이는 모든 것에서 균일하다.' 이런 주제들과 관련하여 우리는 달리 인식할 수 없다고 이미 말한 바 있다.[168] 그러나 우리가 너무도 명백히 알고 있는바, 신의 인식을 신의 참여와 같은 방식으로 신의 전능에 연관 지어 생각해보면, 신의 인식이 다양한 방식으로 결과물들에 영향을 내비친다 하더라도 그것은 단 하나임에 틀림없다. 따라서 우리가 신에 관해 숙고할 때, 신의 뜻 역시 (피조물과 관련해서는 신의 인식이라고 부르는 것이 좋겠다) 피조물들을 통해, 아니 오히려 피조물들에 다양한 방식으로 표현된다 하더라도, 그것은 여럿이 아님에 틀림없다. 마지막으로 만일 우리가 전체 자연을 유비적으로 통찰한다면, 우리는 그것을 하나의 존재자로 간주할 수 있고, 따라서 신의 관념 즉 산출된 자연natur naturata에 관한 신의 뜻은 단 하나일 것이다.[169] 264

제8장
신의 의지에 관하여

신의 본질과 지성과 의지는 어떻게 구분되는가? 우리는 알지 못한다

신은 자신의 의지로써 자신을 사랑하고자 하고, 지성으로

써 자신을 인식한다. 또한 그의 의지는 반드시 이 무한한 지성에서 비롯된다. 그러나 이 세 가지, 그의 본질과 지성과 의지가 어떻게 구분되는지는 답할 수 없는 물음으로 미루어둔다.[170] 우리가 신학자들이 이 문제를 설명하기 위해 늘 사용하는 용어, 인격성personalitas을 모르는 바는 아니나, 이 낱말을 안다손 치더라도 우리는 그 의미를 모른다.[171] 또한 믿는 자들에게 약속된바, 신이 자신의 지복한 눈길visio Dei beatissima로 이 인격성을 자신의 피조물들에게 열어 보이리라고 아무리 믿어봐도, 우리는 인격성에 대한 맑고 또렷한 관념을 형성할 수 없다.

신의 의지와 능력은 외적으로 그의 지성과 구분되지 않는다

의지와 능력은 외적으로 신의 지성과 구분되지 않으며, 이는 앞서 말한 것들로부터 확실하다. 왜냐하면 우리가 증명했듯이, 신은 사물을 실존하도록 창조했을 뿐 아니라 그것의 본성에 따라, 즉 그것의 본질과 실존이 신의 의지와 능력에 의존할 수밖에 없도록 창조했기 때문이다. 이로부터 우리가 맑고 또렷하게 지각하는바, 신은 자신의 지성은 물론 능력과 의지로써 피조물을 창조, 인식했고, 보존하거나 사랑한다. 이것들은 어떤 식으로도 서로 구분되지 않으며, 오로지 우리의 인식과 관련해 구분될 뿐이다.[172]

신이 어떤 것은 사랑하고 어떤 것은 미워한다는 말은 적절하지 않다[173]

그런데 우리가 신이 어떤 것은 미워하고 어떤 것은 사랑한다고 말한다면, 이는 《성서*Sacra Scriptura*》에서 땅이 인간과 그 밖의 다른 종들을 낳으리라고 이른 것과 같은 의미에서 〔비유적으로〕 말하는 것이다. 그러나 《성서》가 충분히 설득하는바, 신은 누구에게도 진노하지 않으며, 흔히들 믿는 것처럼 사물을 사랑하지도 않는다. 이는 〈이사야〉에 일러 있고, 사도 바울의 〈로마인들에게 보내는 편지〉 9장에서 더욱 명백한 바이다. "(이삭의 자식들이) 아직 태어나지 않아 아무런 선과 악을 행하지도 않았을 때 신의 뜻이 자신의 선택에 따라 지켜지도록, 신은 '형이 동생을 섬기리라'는 것을 이루어진 일을 통해서가 아니라 말하는 자로서 그 자신을 통해서 그들에게 일러두었던 것입니다." 조금 더 가서, "그런즉 신은 그가 원하는 사람을 불쌍히 여기지만, 그가 원하는 사람을 힘들게 하기도 합니다. 하여 당신은 내게 묻습니다. '무엇을 불평하겠습니까? 도대체 누가 그의 의지를 거스르겠습니까?' 오, 인간이여, 당신은 도대체 뉘시기에 신에게 말대꾸를 합니까? 지음 받은 것이 지은이에게 왜 나를 이렇게 만들었느냐 말할 리는 없겠지요?"[174]

265

신은 왜 인간을 훈계하는지, 왜 훈계 없이 구원하지 않는지, 왜 불경한 자를 벌하는지

왜 도대체 신은 인간을 훈계하는지 당신이 묻는다면, 우리는 간단히 대답하겠다. '신은 그가 구원하기를 원했던 인간들이 회심하도록 그들을 특정한 때에 훈계하기로 영원부터 결정했다.' 이어서, 신이 훈계 없이 그들을 구원할 수 없었는지 당신이 다시 묻는다면, 우리는 그가 할 수도 있었다고 대답한다. 당신은 다시 물을 것이다. '왜 도대체 〔훈계 없이〕 구원하지 않았는가?' 이에 대해서 나는 당신이 다음과 같은 물음에 먼저 답하고 나면 그때 비로소 대답하겠다. '왜 신은 홍해가 강한 동쪽 바람 없이는 갈라지지 않도록 해놓았는가? 왜 신은 모든 각각의 운동을 다른 운동과 관계없이 만들어놓지 않고 매개 원인들을 통해 자신의 작용이 미치는 수많은 운동을 만들어놓았는가?' 당신은 다시 물을 것이다. '도대체 왜 불경한 자들은 자신의 본성과 신의 결정에 따라 행동하고도 벌을 받는가?' 그러나 나는 답한다. '그들이 벌 받는 것도 신이 결정한 결과이다. 오로지 자유 의지에 따라 죄를 짓는 자들이 있다고 가정해보자. 이들도 벌을 받아야 마땅하다면, 왜 사람들은 독이 든 뱀을 죽이려 드는가?[175] 이들은 제 본성에 따라 죄를 지었을 뿐이고 다르게 할 수도 없다.'[176]

《성서》는 자연의 빛에 모순되는 것을 가르치지 않는다[177]

마지막으로 여전히 《성서》에 다른 미심쩍은 것들이 있다 하더라도, 여기는 이것들을 해명하는 자리가 아니다. 왜냐하면 여기서 우리는 오직 자연적 이성에 따라 가장 확실하게 이를 수 있는 것만을 탐구하고, 틀림없이 《성서》도 이를 가르치고 있다는 것을 알기 위해 우리가 이를 명증하게 증명하는 것으로 충분하기 때문이다. 왜냐하면 진리는 진리와 모순되지 않으며, 《성서》도 흔히들 지어낸 우스갯소리를 가르칠 수 없기 때문이다. 만일 우리가 《성서》에서 자연의 빛에 반대되는 무언가를 발견한다면, 우리는 사람들이 《코란 *Alcoranus*》과 《탈무드 *Thalmud*》를 반박할 때 사용하는 똑같은 자유를 가지고 그것을 반박할 것이다. 그러나 《성서》에 자연의 빛과 모순되는 무언가가 있다는 것은 우리의 생각과 거리가 멀다.

제12장
인간의 정신에 관하여

275

우리는 이제 〔공간상〕 펼쳐진 실체와 생각하는 실체로 구분했던 창조된 실체[178]로 건너가야 한다. 우리가 알고 있는 바에 따르면, 〔공간상〕 펼쳐진 실체는 물질 즉 물체이고 생각하는 실체는 오로지 인간의 정신이다.

천사는 신학적 사변에는 속하지만 형이상학적 사변에는 속하지 않는다

천사도 창조되었지만 자연의 빛에 따라[179] 인식되지 않기 때문에 형이상학에 속하지 않는다. 왜냐하면 그것의 본질과 실존이 개시(開示, revelatio)로써만 알려지고 따라서 오직 신학에 속하며, 이러한 인식은 자연의 인식과 다르기 때문에, 아니 기원상 완전히 다르기 때문에, 어떤 식으로도 자연의 인식과 헛갈려서는 안 된다. 그러니 누구도 우리가 천사에 관해 뭐라 말하기를 기대해선 안 된다.

인간의 정신은 번성하는 것이 아니라 오로지 신이 창조한 것이며 우리는 창조의 때를 알지 못한다

그러므로 이제 인간의 정신으로 돌아와 몇 가지를 논해보자. 그러나 인간 정신이 창조된 때에 관해서는 말하지 않는다는 것만은 기억해두자. 왜냐하면 인간의 정신은 신체 없이 실존할 수 있고[180], 따라서 신이 그것을 창조한 그때라는 것이 충분히 확실치 않기 때문이다. 확실한 것은, 인간의 정신은 번성하지[181] 않는다는 점이다. 왜냐하면 그것은 발생되는 것들, 즉 어떤 실체의 양태들에 해당될 뿐이기 때문이다. 그러나 실체 자체는 발생되지 않고, 오로지 전능한 자에 의해 창조될 뿐이다. 이는 앞서 충분히 증명된 바이다.[182]

어떤 뜻에서 인간의 영혼은 소멸하는지

그러나 그것의 불멸성에 관하여 한마디 더하자면, 우리는 어떠한 사물에 관해서도 결코 다음과 같이 말할 수 없다. '사물은 신의 능력에 의한 소멸을 제 본성상 포함하고 있다. 왜냐하면 어떤 사물을 창조할 능력을 가지고 있는 자는 바로 그것을 파괴할 능력도 가지고 있기 때문이다.' 게다가 ― 이것은 이미 우리가 충분히 증명했던 것이다 ― 모든 창조물은 단 한 순간도 제 본성에 의해 실존할 수 없고, 신에 의해 지속적으로 창조될 뿐이다. 276

반면에 어떤 뜻에서 불멸하는지

하지만 설령 사물이 그렇게 존립한다 하더라도, 우리가 양태들의 생성 소멸에 대한 관념은 가지고 있을지언정 결코 실체의 소멸에 대한 관념은 가지고 있지 않다는 것을 우리는 맑고 또렷하게 알고 있다. 왜냐하면 우리가 인간의 신체 조직에 주목할 때 이러한 조직은 파괴될 수 있다는 것을 맑고 또렷하게 지각하지만[183], 신체의 실체에 주목할 때 그것이 무nihil로 돌아가리라는 것을 똑같이 〔맑고 또렷하게〕 지각하는 것은 아니기 때문이다.[184]

끝으로 철학자는 신이 최고의 능력으로써 무엇을 할 수 있는지 탐구하지 않고, 오히려 신이 사물에 부여한 법칙에 따라 사물의 본성을 판정한다. 따라서 그는 이 법칙으로부터 확고하게 추론되는 것을 확고한 것으로서 판정한다——물론 신이 이 법칙과 그 밖의 모든 것을 바꿀 수 있다는 점을 그는 부정하지 않을 것이다.[185] 이 때문에 우리는 영혼에 관해 이야기할 때도 신이 무엇을 할 수 있는지가 아니라, 자연의 법칙으로부터 무엇이 귀결되는지를 탐구한다.

인간 정신의 불멸성은 증명된다

그러나 바로 이 법칙으로부터 실체는 그 자체로든 다른 창조된 실체에 의해서든 파괴되지 않는다는 점이 명백히 귀결되기 때문에, 내가 실수하지 않았다면 이미 앞에서 우리가 만족할 만큼 증명했던바[186] 우리는 이 자연의 법칙에 따라 정신이 불멸한다고 생각할 수밖에 없다.[187] 또한 사물을 더 가까이 들여다보면, 우리는 정신의 불멸을 아주 확실하게 증명할 수 있다. 왜냐하면 이제 막 증명했듯이, 영혼의 불멸이 자연의 법칙으로부터 명백히 귀결되기 때문이다. 그런데 이 자연의 법칙은 자연의 빛에 의해 개시되는 신의 뜻이며, 이는 앞서 말한 것으로부터 대단히 명백하다. 다음으로, 우리는 신의 뜻이 불멸한다는 것도 이미 증명했다. 이 모든 것으로부터 명백하게 결론 내리는바, 신은 영혼의 지속성에 관한 자신의 불멸하는 의지를 개시를 통해서만이 아니라 자연의 빛을 통해서도 인간에게 드러낸다.

신은 자연을 거슬러서가 아니라 넘어서서 행위하며[188], 이것이 저자의 뜻이다

이런 결론은 누군가 신이 어떤 때는 기적을 행하기 위해 이런 자연의 법칙을 파괴한다고 반박하더라도 흔들리지 않는다. 왜냐하면 더 현명한 대다수의 신학자들이 동의하는 바, 신은 결코 자연을 거슬러서가 아니라 넘어서서 행위하기 때문이다. 다시 말해 내 표현으로는, 신은 인간의 지성에 전달된 적 없는 많은 작용 법칙을 가지고 있기 때문이다. 만일 인간의 지성에 전달되었다면, 이 법칙은 다른 것과 마찬가지로 자연 법칙이 되었을 것이다.

그러므로 정신이 불멸한다는 것은 더없이 확실하다. 나는 이 대목에서 인간의 영혼 일반에 관하여 더 이야기할 것이 남았는지 모르겠다. 그러나 몇몇 저자들이 참된 것을 참된 것으로 받아들이지 않기 위해[189] 사용하는 논증이 나로 하여금 반박하게 만들기 때문에 영혼의 특수한 기능에 관해서는 좀 더 이야기해야겠다.

왜 어떤 사람들은 의지가 자유롭지 않다고 생각하는지

어떤 사람들은 의지가 자유롭지 않고 언제나 다른 것에 의해 결정되어 있다는 것을 증명할 수 있다고 생각한다. 그리고 그렇게 생각하는 까닭은 이들이 의지를 영혼과는 다른 어떤 것으로서 이해하고, 그 본성에 따라 오직 무차별적

인indifferens 상태로 있는 실체로서 고찰한 때문이다. 그러나 모든 혼동을 제거하기 위해 우리는 우선 주제를 설명하고자 한다. 그런 뒤에 이들의 논증이 지닌 오류를 아주 간단히 들춰낼 것이다.

의지란 무엇인지

우리는 인간의 정신이 생각하는 것이라고 말한 바 있다. 따라서 오로지 제 본성에 따라 그 자체로만 고찰하자면 인간의 정신은 무언가를 행할 수 있다. 즉 생각할 수 있고, 다시 말해 긍정하고 부정할 수 있다.[190] 그런데 이러한 생각은 정신 외부의 것에 의해 결정되거나, 아니면 오로지 정신에 의해 결정된다.[191] 정신이 자신의 본성에 따라 생각하면서 여러 가지 사유 활동actio cogitativa을 수행할 수 있는, 아니 할 수밖에 없는 실체임을 감안할 때 〔생각은 오로지 정신에 의해 결정된다.〕 그런데 사유 활동이 오로지 인간의 정신을 자신의 원인으로 인지하는 한에서 이러한 사유 활동을 결정volitio이라고 한다.[192] 거꾸로 인간의 정신이 이러한 활동〔=결정〕을 산출하기에 충분한 원인으로 파악되는 한에서 이러한 인간의 정신을 의지voluntas라고 한다.

의지는 있다

그러나 영혼이 결코 외적인 것에 의해 결정되지 않는다 하더라도 그러한 능력을 지니고 있다는 것은, '뷔리당Buridanus의 당나귀'를 예로 들 때 아주 간단히 설명된다. 그러한 평형aequilibrium의 위치에 당나귀 대신 어떤 사람이 놓였을 때, 그가 배고픔과 목마름으로 죽어간다면 그는 생각하는 자가 아니라 아둔하기 짝이 없는 당나귀로 간주될 수밖에 없기 때문이다.[193] 나아가 이는, 앞서 말했던바, 우리가 심지어 모든 것을 의심할 수 있다는 사실, 단지 의심스러운 것으로 판단하기 위해서가 아니라 거짓으로 미루어놓기 위해 의심 속으로 불러들일 수 있다는 사실로부터도 명백하다. 데카르트,《철학의 원리》1부 39항을 보라. 278

또한 의지는 자유롭다[194]

더욱이 우리가 주목해야 할 점은, 영혼이 무언가를 긍정하거나 부정하기 위해 외적인 것에 결정된다 하더라도 그것은 마치 외적인 것에 의해 강제된 것처럼 그렇게 결정되어 있는 것이 아니라, 도리어 언제나 자유로운 상태로 남아 있다는 사실이다. 왜냐하면 어떠한 사물도 영혼의 본질을 파괴할 능력을 지니고 있지 않고, 따라서 무엇을 긍정하든 부정하든 영혼은 언제나 자유롭게 긍정하거나 부정하기 때문이다——이는 〈제4성찰〉에 잘 설명되어 있다. 그러니 만일 누군가가 왜 영혼은 이러저러한 것은 하고자 하고 그러저러한 것은 하고자 하지 않는지 묻는다면, 대답하건대 영혼은 생각하는 것, 즉 제 본성으로부터 하고자 하고 하고자 하지 않는, 긍정하고 부정하는 능력을 지니고 있는 것이기 때문이다. 즉 그것은 생각하는 것으로서 존재한다.

의지와 욕망이 헛갈려서는 안 된다[195]

이제 주제를 설명했으니, 논적들의 논증을 살펴보자.[196] 첫 번째 논증은 이러하다. "만일 의지가 지성의 최종 명령을 거스르고자 한다면, 즉 지성의 최종 명령이 지시하는 선bonum의 반대를 욕망한다면, 의지는 악에 따라sub ratione mali 악을 욕망할 것이다. 그러나 이는 부조리하고 따라서 전제도 부조리하다." 이 논증으로부터 명백한바 이들은 의지가 무엇인지 이해하지 못하고 있다. 즉 이들은 의지를 선에 따르는 욕망으로 정의한, 이들의 스승[197]한테 배웠기 때문에 '의지'와 '영혼이 무언가를 긍정, 부정하고 난 뒤에 품는 욕망appetitus'을 헛갈리고 있다. 그런데 우리는 의지가 '그것이 좋다' 하고 긍정하는 일과 그 반대의 일이라고 이야기했다[198]—이는 앞서 오류의 원인을 다룰 때 충분히 설명한 것으로서, 우리는 의지가 지성보다 넓게 확장되어 있기 때문에 오류가 발생한다는 점을 증명했다.[199] 그러나 정신이 자유로운 상태에서 그것이 좋다고 긍정하지 않았다면, 정신은 아무것도 욕망하지 않았을 것이다. 따라서 이 논증에 대답하건대, 우리는 다음은 받아들인다. '정신은 지성의 최종 명령에 반대해 아무것도 하고자 할 수 없다. 다시 말해 정신은 하고자 하지 않음이 전제되어 있는 한 아무것도 하고자 할 수 없다. 여기에는 정신이 어떤 것이 나쁘다고 판단했다, 즉 무언가를 하고자 하지 않았다는 말이 전제되어 있다.' 그러나 다음은 거부한다. '정신은 절대로 나쁜 것을 하고자 할 수 없다. 즉 그것이 좋다고 판단할 수 없다.' 왜냐하면 이 말은 경험 자체를 거스르기 때문이다. 다시 말해 우리는 많은 나쁜 것들을 좋다고, 많은 좋은 것들을 나쁘다고 판단하기 때문이다.

279

또한 의지는 곧 정신이다

두 번째 논증은——아니, 별 차이가 없기 때문에, 원한다면 첫 번째 논증이라 해도 좋다——이러하다. "만일 의지가 그 하고자 함에 관하여 지성의 궁극적 실천 판단에 의해 규정되지 않는다면, 의지는 자신을 규정할 것이다. 그러나 의지는 자신을 규정하지 않는다. 왜냐하면 의지는 저 자신에 의해 그리고 제 본성상 규정되지 않는 것이기 때문이다." 이로부터 다음과 같이 논증이 이어진다. "만일 의지가 그 하고자 함과 하고자 하지 않음에 대하여 제 본성상 무차별적인 것이라면, 의지는 그 하고자 함에 대하여 그 자신에 의해 규정될 수 없다. 이럴 경우 규정하는 것이 규정되어야 할 뿐 아니라, 규정되는 것은 규정되지 않기 때문이다. 따라서 우리가 의지를 '자신을 규정하는 것'으로서 간주하든 '규정되는 것'으로서 간주하든, 의지는 똑같이 '규정되지 않는 것'이 된다. 이는 논적들이 '규정하는 의지'에 있어서 '규정하는 의지'와 '의지에서 규정될 것 또는 규정된 것'이 같지 않다는 점을 상정하지 않았기 때문이다. 사실 여기서는 어떠한 것도 상정되지 않는다. 따라서 의지는 하고자 함에 대하여 저 자신을 규정할 수 없다. 만일 자기 자신에 의해서가 아니라면, 의지는 다른 것에 의해 규정된다." 이 논증은 레이든의 헤르보르트Adriaan Heereboord 교수의 것 그대로이다. 이로써 확실히 입증되는바 그는 의지를 정신 자체로 이해하지 않고 오히려 정신 외부나 내부에 있는 다른 어떤 것, 아무 생각 없이 그림을 받아들이는 백지tabula rasa 같은 것으로 이해했다. 아니 오히려 어떤 것에 의해서든, 정확히 말해 외부로부터의 무게가 정해지면 어느 한쪽으로 기울어지는 무게의 평형 상태, 혹은 마지막으로, 그 자신은 물론 그 어떤 인간[200]의 생각으로도 좇을 수 없는 것으로 여겼던 것이다.[201]

그러나 우리는 의지가 이른바 생각하는 것, 즉 긍정하고 부정하는 것, 다름 아닌 정신[202]이라고 말했고, 사실상 이를 명백히 증명했다. 이로부터 명백히 귀결되는바, 우리가 정신의 본성에 주목할 때, 정신은 긍정하고 부정하는, 의지와 똑같은 능력을 지니고 있다. 단언하건대, 정신은 생각함cogitare이다. 따라서 우리는 '정신은 생각한다'는 사실로부터 정신이 긍정하고 부정하는 능력을 지니고 있다고 결론 내린다. 그렇다면 우리는 도대체 왜 단지 그 본성에 따른 결과에 대해 〔정신〕 외부의 작용 원인causa efficiendi을 찾는 것일까? 당신은 말할 것이다. '정신은 긍정 못지않게 부정에 대해서도 규정되어 있다. 따라서 우리는 정신을 규정하고 있는 어떤 원인을 찾아 나설 수밖에 없다.'[203] 그러나 나는 반박한다. '(정신이 생각하는 것이라고 생각하는 한 이렇게 생각하는 것이 불가능하지만) 정신이 오로지 저 자신과 본성으로부터 긍정에 대해 규정된 것이라면, 정신은 오로지 제 본성에 따라 긍정만 할 수 있을 뿐, 아무리 많은 원인들이 관여한다 하더라도 부정할 수는 없을 것이다. 그러나 만일 긍정에 대해서도 부정에 대해서도 규정된 것이 아니라면, 정신은 중립을 지킬 것이다. 마지막으로 만일 정신이 두 가지 능력을 모두 가지고 있다면 — 우리는 이를 입증한 바 있다 — 정신은 다른 원인의 도움 없이 오로지 제 본성에 따라 그 두 가지에 작용할 것이다.' 이는 생각하는 것을 생각하는 것으로서 고찰하는 모든 사람들, 즉 그 생각의 속성과 생각하는 것 자체를 결코 분리하지 않는 사람들에게는 명백할 것이다 — 이는 오로지 이성에 따라 구분될 뿐이다.[204] 논적들이 하는 방식에 따르면, 그들은 생각하는 것을 모든 생각으로부터 벗겨내어 그것을 마치 아리스토텔레스주의자들[205]의 이른바 제1질료인 양 꾸며댄다. 그러므로 나는 이

280

논증, 특히 그 주요 전제에 대해 이렇게 응답한다. '만일 〔누군가〕 의지를 모든 생각으로부터 분리된 것으로 이해한다면, 우리는 의지가 제 본성에 따라 규정되지 않는 것이라는 점에 동의한다. 그러나 우리는 의지가 모든 생각으로부터 분리된 것이라는 전제를 거부한다. 거꾸로 주장하는바, 의지는 생각이다. 즉 긍정과 부정의 작용 원인으로 이해될 수밖에 없는, 긍정과 부정의 능력인 것이다.' 이어서 '만일 의지가 규정되지 않는 것이라면, 즉 모든 생각으로부터 분리된 것이라면, 의지는 신이 자신의 무한한 능력으로써 창조하는 다른 원인에 따라 자신을 규정할 것이다'라는 논증도 우리는 거부한다. 왜냐하면 생각하는 것을 생각 없이 인식하겠다는 말은 〔공간상〕 펼쳐진 것을 펼침 없이 인식하겠다는 말과 같기 때문이다.

왜 철학자들은 정신을 물체적인 것과 헛갈리는지

마지막으로 다음 한 가지만 상기하면, 여기서 더 많은 논증들을 비평할 필요가 없겠다. 논적들은 의지를 이해하지도 못했고, 정신에 관한 맑고 또렷한 관념을 갖지도 못했기 때문에, 정신을 물체적인 것과 헛갈렸다. 이러한 일이 일어난 까닭은, 그들이 물체적인 것에 사용하곤 하던 말을 그들이 인식하지 못했던 영적인 것res spiritualis을 가리키기 위해 사용했기 때문이다. 그들은 같은 크기의 외적 원인〔=힘〕에 의

281

해 서로 맞닥뜨려 완전히 대립함으로써 평형 상태를 유지하고 있는 물체들을 '규정되지 않은 것들'이라고 일컫는 데에 익숙해져 있고, 그리하여 그들은 의지를 '규정되지 않은 것'이라 여기면서 평형 상태의 물체로 파악한 것이다.[206] 또한 이런 물체들은 외적 원인으로부터 받아들인 것 말고는 아무것도 지니고 있지 않기 때문에, 그들은 같은 것(=외적 원인으로부터 받아들인 것)이 의지 안에서 발견된다고 생각했다. 그러나 문제가 어떻게 일어났는지 이미 충분히 밝혔으므로, 여기서 마치기로 한다.

펼쳐진 실체에 관해서는 이미 앞에서 충분히 이야기했고, 우리는 이 두 실체(=생각하는 실체와 (공간상) 펼쳐진 실체)를 제외한 다른 실체를 알지 못한다.[207] 실재적 속성과 그 밖의 성질에 관해 말하자면, 이것들은 충분히 설명되었고, 또한 이를 논박하기 위해 시간을 보낼 필요도 없다. 그러니 이쯤에서 펜을 놓기로 한다.

끝.

부록 〈형이상학적 사유〉의 전체 차례

제1부 일반 형이상학에서 존재자와 그 변용에 관하여 떠오르는 근본 물음들에 대한 짤막한 해명

제1장 실재적 존재자, 허구적 존재자, 그리고 이성의 존재자에 관하여

제2장 본질, 실존, 관념, 능력이란 무엇인지

제3장 필연, 불가능, 가능, 우연이란 무엇인지

제4장 지속성과 시간에 관하여

제5장 대립, 순서 등에 관하여

제6장 하나, 참, 좋음에 관하여

제2부 특수 형이상학에서 신과 그 속성, 인간의 정신에 관하여 떠오르는 근본 물음들에 대한 짤막한 해명

제1장 신의 영원성에 관하여

제2장 신의 유일성에 관하여

제3장 신의 막대함에 관하여

제4장 신의 불변성에 관하여

제5장 신의 단순성에 관하여

제6장 신의 생명에 관하여

제7장 신의 지성에 관하여

제8장 신의 의지에 관하여

제9장 신의 능력에 관하여

제10장 창조에 관하여

제11장 신의 참여에 관하여

제12장 인간의 정신에 관하여

해제

데카르트와 스피노자,
또는 스피노자의 데카르트

이 해제가 이 책에서 다루는 모든 주제를 소개하거나 해설할 수는 없을 것이다. 여기서는 다만 한 가지 주제를 다룰 것인데, 이 주제는 스피노자Benedictus de Spinoza와 데카르트René Descartes의 철학 체계에서 가장 중요한 부분으로서, 데카르트와 스피노자를 그 자체로 이해하는 데는 물론이거니와 어떻게 스피노자가 데카르트의 철학으로부터 자신의 철학을 형성하면서 《에티카*Ethica*》라는 고유한 체계에 이르게 되었는지를 추적하는 데 결정적인 역할을 한다. 더구나 30년 전쟁을 앞뒤로 하여 데카르트와 스피노자 사이에서 진행된 체계의 변이 과정이 프랑스 혁명을 앞뒤로 하여 칸트Immanuel Kant와 헤겔G. W. F. Hegel 사이에서 닮은꼴로 반복되고 있다는 사실은, 유럽의 근대 철학사 전체를 큰 시각으로 조망하고 싶어 하는 독자들에게 앞으로 다룰 주제가 얼마나 중요한 수단이 될 수 있는지 가늠케 한다.

이 해제는 우선 스피노자가 데카르트의 신 존재 증명이 안고 있는 순환 논증의 문제를 자기 고유의 철학적 방법론을 통해 해결해가는 과정을 추적한다. 신 존재 증명은 신의 사망을 선고한 니체F. Nietzsche 이전 근대 철학자들의 가장 중요한 화두였다.[208] 물론 신 증명의 문제는 중세 철학의 중요한 화두였음에 틀림없다. 그러나 중세의 신 증명은 근대의 시작과 더불어——물론 이런 표현은 후대 철학사 연구자들의 구분이다——전혀 다른 방식의 문제 제기를 통해서 새롭게 태어난다. 르네상스와 과학 혁명이 시작되기 전, 아니 그 후로도 한동안 유럽인들은 하늘을 고층 아파트처럼 생각했고 맨 위 이른바 스카이 층에 그들의 신이 상주한다고 믿었다. 이 때문에 우리는 기독교 문화에서 높이와 관련된 표현을 자주 만나게 된다. 예컨대 미사곡의 구성 요소 가운데 하나인 〈대영광송Gloria〉의 도입부를 떠올려보자. "지극히 높은 곳에서는 신에게 영광. 땅에서는 선한 의지를 지닌 인간에게 평화Gloria in excelsis Deo. Et in terra pax hominibus bonae voluntatis." 이런 높낮이의 세계상은 중세 유럽인들에게 그저 비유가 아니라 현실적인 우주론이었고 신앙이자 지식이었다. 중세인들은 신의 존재를 이렇게 자명한 것per se notum으로서 받아들였기 때문에 신 존재 증명은 많은 경우 이교도에 대한 설득과 교리 전파를 위한 목적으로 이루어졌다.[209] 그러나 우주가 무한하다는 이론이 점차 확산되고 그것이 관찰을 통해 입증되자[210] 신 증명의 문제는 사람들에게 전혀 다른 의미로 다가왔다. '만일 우주가 무한하다면 신은 도대체 어디에 있는가?' 근대인들에게는 그야말로 신이 현존하는지, 현존한다면 어디에 현존하는지, 즉 그가 '지극히 높은 곳에in excelsis/altissimis' 있다는 것은 도대체 무슨 뜻인지를 해명하는 일이 관건이었던 것이다.[211] 유럽인들이 무신론의 위협이 제 안에서부터 싹트고 있다는 것을 의식하고 신 증명의 문제를 자기 내적 문제로 삼아 반성적으로 마주한 것은 아마도 이즈음이 처음일 것이다.[212] 신 존재는 이제 자명하지 않았다. 동시대의 근대적 지식인이자 기독교인이었던 파스칼Blaise Pascal의 고백은 이러한 근대인들의 내적 전율을 고스란히 우리에게 전하고 있다. "이 무한한 우주의 영원한 침묵이 나를 두렵게 한다."[213]

신의 침묵이 전해주는 이 두려움만큼이나 데카르트와 스피노자 두 철학자의 신 존재 증명은 묵직한 주제이다. 그러나 이 무게가 적절한 힘점에 실린다면 두 철학자 사이의 중요한 공통점과 차이점을 한 번에 건져 올릴 수 있기에, 두 마리 토끼를 잡고 싶은 독자라면 기꺼이 이 무게를 감당할 것이다. 우리는 우선 데카르트의 신 존재 증명과 순환 논증 문제를 살펴보고, 이것이 어떤 철학사적 맥락에서 비롯된 것인지를 확인한 뒤, 이에 대한 스피노자의 해결책을 다룰 것이다.[214] 이 해제가 적절한 받침점이 되기를 바랄 뿐이다.

1. 데카르트의 신 존재 증명

데카르트의 신 증명이 담고 있는 순환 논증 문제는 기존의 연구자들에게 주로 논리적 순환 문제로 다루어졌다.[215] 순환 논증은 '증명되어야 할 것이 이미 그 증명에 전제되어 있는 증명'을 뜻한다. 알다시피 논증의 기본 순서는 전제가 결론보다 먼저 알려져 있어야 하고 결론이 전제에 기대어 있어야 하기 때문에 전제가 결론에 의존해서는 안 된다. 저들의 주장에 따르면 데카르트는 바로 이런 논리적 악순환에 걸려들었다. 실제로 데카르트는 '나는 생각한다'로부터 '내가 맑고 또렷하게 지각하는 것은 모두 참이다'라는 결론을 내린 뒤 이 결론을 전제 삼아 '신은 실존한다'고 결론짓는다. 문제는 앞의 전제가 마지막 결론에 의해 보장받는다는 논증이 이어지면서부터 시작된다. '그러나 신의 실존은 이미 나의 생각으로부터 증명된 것이다. 그러나 나의 생각은 신의 실존에 의해 보장받는다. 그러나 신의 실존은 나의 생각으로부터 증명되었다. 그러나….' 이렇게 계속 반복하다 보면 우리는 어느새 나의 생각과 신의 실존 사이에서 일종의 무한궤도를 그리게 되고 어떤 것이 전제인지 어떤 것이 결론인지 확정 지을 수 없게 된다. 그러니 이것은 가장 기본적인 논증 규칙의 위반이고 이를 통해서는 아무것도 증명되지 않는다. 연구자들이 말하는 논리적 악순환이란 대개 이런 것이다.

그러나 우리는 이러한 관례에 따르지 않는다. 데카르트는 철학이 운명적으로 떠안고 있는 (앞으로 다룰) 두 가지 근본적 방법론 사이에서 양자택일의 상황에 처해 있었다. 그러나 그는 어느 한쪽을 선택할 만한 근거도, 그렇다고 둘을 통합할 만한 근거도 가지고 있지 못했기 때문에 이 사이에서 끝없이 맴돌았다. 저 논리적 순환은 사실상 이러한 형이상학적 방법론상의 순환으로부터 비롯된 것이다. 또한 이것은 우리가 여러 종의 철학사 책이나 스피노자 관련 연구서에서 만날 수 있는, 데카르트에 대한 비판적 관점들의 요체이기도 하다. 관례에 따르지 않기 위해 우리는 짧지 않은 에움길을 걸을 것이며, 이 길은 방법적 회의에 관한 재고로부터 시작된다.

(1) 의심의 근거와 코기토

에우도수스: 내 말에 주의해보라, 당신이 생각하는 것보다 나는 당신을 더 멀리 인도할 것이다. 왜냐하면 나는 확고부동한 일점으로서의 이 보편적인 의심으로부터 신에 대한 인식, 당신 자신에 대한 인식 및 이 세계 속에 있는 모든 것에 대한 인식을 끌어내려 하기 때문이다.

폴리안데르: 그것은 참으로 대단한 약속이다. 그런 것이 이루어진다면, 당신이 요구하는 대로 따르는 것은 분명히 가치가 있는

일이다.[216]

스피노자가 이 책의 〈서론〉에서 증언하고 있듯 데카르트는 오로지 의심만을 목표로 삼았던 회의주의자와는 달리, 학문의 확실한 토대를 발견하기 위해 모든 것에 대한 의심을 감행했다.[217] 데카르트와 회의주의자의 차이점은 데카르트의 이른바 방법적 회의가 의심의 근거ratio dubitandi[218]를 요구한다는 것이며, 이는 의심 자체가 합리적 근거에 따라 이성적으로 수행되어야 함을 뜻한다. 따라서 의심의 근거가 강하면 강할수록 이 의심으로부터 해방되는 것들은 더욱더 참된 것으로서 받아들여질 수밖에 없다. 실제로 데카르트는 이 근거에 의해 단 한 번이라도 흔들리는 것은 모두 배제하겠다고 작심한 뒤, 마음속에 떠올릴 수 있는 모든 것들, 즉 감각의 내용, 자연과학 및 수학의 대상, 심지어 신의 본성과 실존까지 흔들어볼 정도로 의심을 강행한다. 그는 이 각각에 대해 의심할 수 있는 근거를 발견했기 때문에, 이전에 참이라고 생각했던 모든 것을 이내 거짓된 것으로 철회해야만 했다. 이제 확실한 것은 아무것도 없는 것처럼 보였고, 심지어 내가 거짓된 것들을 참이라고 여겼던 일은 신이 나를 그렇게 실수하도록 만들었기 때문이라고 여겨졌다. '그렇다면 나는 무엇인가? 나는 모든 것을 의심하고 있는 무엇, 예전에 참이라고 긍정했지만 지금은 거짓이라 부정하고 있는 무엇,

감각하고 상상하는 무엇임에 틀림없다. 그런데 이런 의심하기, 긍정하기, 부정하기, 상상하기, 감각하기 등은 모두 내 생각이 이러한 작용을 할 때 드러나는 생각의 모양새이다. 따라서 나는 생각하는 것이다. 나는 지금껏 여러 가지 생각을 하고 있었고 또한 그러면서 실존하고 있었다. 그런데 이것은 어떠한 의심의 근거를 통해서도 흔들리지 않는다. 왜냐하면 내가 그것을 의심하는 동안에도 나는 의심하고 있는 무엇이며 따라서 나는 실존하기 때문이다. 심지어 신이 나를 언제나 실수하도록 창조했다 하더라도, 나는 실수할 때마다 실수하고 있는 무엇이고, 따라서 나는 실존한다. 나는 생각한다, 그러므로 존재한다. 나는 이 정도로 맑고 또렷하게 지각하는 모든 것을 참으로 받아들일 것이다.'[219]

(2) 코기토의 능력과 관념의 기원 물음

그러나 내가 실존한다는 것이 아무리 확실하다 하더라도 내가 언제든 속을 수 있는 상황에서 실존한다면, 이것은 살아 있어도 사는 것이 아니다. 그저 있기는 잘해도 제대로 할 수 있는 것이 아무것도 없기 때문이다. 데카르트는 자기 실존의 확보가 자기 인식 능력의 확보와 별개의 문제라는 사실을 깨달았으며, 그가 원했든 원하지 않았든 여기서 존재의 원리와 인식의 원리는 분리되고 만다. 그러나 형이상학은 세계를 하나의 원리로 설명하라고 종용한다.[220] 내 생각의 능력 또한 나의 실존만큼 확실해야 하며, 그때야 비로소 인식과 실존은 '나는 생각한다'라는 원리에서 일치할 것이다. 그렇지 않으면 나는 내 밖으로 한 걸음도 내딛지 못한 채 홀로 갇혀 있을 것이다.

내가 밖을 향해 걸어 나갈 수 있는지 없는지에 관한 물음은 곧 나의 능력에 관한 물음이다. 다시 말해 내가 내 인식을 외부의 사물들로 확장할 수 있는지 없는지의 문제는 그것들이 나의 능력에 속하는 것인지 아닌지의 문제라는 뜻이다. 그리고 이는 다시 나에게 있는 관념의 기원에 관한 물음으로 통한다. 왜냐하면 만일 나에게 있는 관념이 나보다 더 많은 능력을 지닌 것으로부터 왔다면 이 관념은 나의 능력 밖의 일이며, 만일 그렇지 않다면 그것은 나의 소관jurisdictio으로서 나는 이제 거기로 나가 나의 일을 할 수 있기 때문이다. 그러므로 관념의 기원을 묻는 것은 내가 나의 관념들에 관하여 세계를 상대로 권리 소송을 제기하는 일이며, 그런 한에서 이것은 내가 나의 모든 관념들을 나 자신으로부터 연역할 수 있는지 없는지를 따지는 것이다. 연역deductio은 본디 권리juris의 문제이다.

이제 데카르트는 자기 외부의 것들에 대한 관념들, 즉 물체와 신의 관념을 자신으로부터 연역할 수 있는지 없는지를 검토하는데, 이때 적용하는 법률이 바로 인과율이다. 인과율이란, 모든 원인은 적어도 자신의 결과와 같은 정도의 완전성 또는 실재성을 지니고 있어야 하며, 더 완전한 것, 즉 더 많은 실재성을 지니고 있는 것은 더 불완전한 것으로부터 생겨날 수 없다는[221], 일종의 형이상학적 법률이다. 이 원리에 따라서 물체의 관념에 관해서는 의외로 간단한 판정이 이루어졌다. 물체의 본성은 실체, 지속, 수, 펼침, 형태, 위치, 운동 등인데, 이러한 것들은 나의 사유 활동을 관찰하면서 얼마든지 나 자신으로부터 이끌어낼 수 있는 속성들이었다.[222] 이제 남은 것은 신의 관념이다. 우리가 신에 대해서 지니고 있는 관념은 무한성, 절대성, 전지전능, 나를 비롯한 만물의 창조자 등이다. 이를 인과율에 적용해보면 신은 나를 낳은 원인이고, 그렇다면 신은 필연적으로 실존한다. 어떤 결과가 있다면 그것의 원인이 반드시 있게 마련인바, 내가 나의 실존을 확신했기 때문에 나는 내 원인의 실존도 확신할 수밖에 없는 것이다.[223] 또한 나는 나의 실존을 보존할 능력이 없기 때문에 다른 누군가에 의해 보존될 수밖에 없으며, 이런 능력을 지닌 자는 오직 신뿐이다.[224] 더구나 신의 관념 속에는 필연적 실존이 포함되어 있다. 그러므로 신은 실존할 수밖에 없다.[225]

(3) 코기토의 무능력과 순환 논증

문제는 여기서부터 시작된다. 데카르트는 자신의 실존을 저 자신으로부터 확인한 뒤, 세계에 대한 자신의 권리를 청구하러 나섰다가 신의 관념을 만났다. 그런데 신은 나의 원인이며 내 모든 능력의 제작자이다. 따라서 그의 관념은 나로부터 연역되지 않기 때문에 내 소관이 아니다. 오히려 나의 모든 능력은 그에게 달려 있으며, 내가 가장 확실한 것으로 확신했던 나의 실존마저도 그에게 달려 있는 것이다. 신의 능력에 비하면 나의 것은 무능력이나 다름없다. 이제 나의 무능력으로 인해 나의 실존조차 흔들리고 있으며, 이 모두를 구제하기 위해서는 신의 힘을 빌릴 수밖에 없다. 이제 나에게 필요한 것은 신이 나를 속도록 만들지 않았노라 보장하는 보험 증서이다. 이렇게 데카르트는 자신의 실존을 확신하고도 자신의 무능력 때문에 다시 신에게 의존해야 했다.

권리 소송은 기각될 것임이 불 보듯 훤했지만, 데카르트는 포기하지 못했다. 왜냐하면 신의 본성은 저 강력한 의심의 방법에 의해 흔들렸던 반면, 코기토는 결코 흔들리지 않았고, 따라서 이것은 자아가 자기의식 속에서 직접 경험하는 가장 생생한 단 하나의 원리이기 때문이다.[226] 그러나 다른 한편 그는 소송을 포기해야 한다. 왜냐하면 자신의 모든 권리가 사실상 신에게 양도되어 있음을 그가 알아버렸기 때문이다. 이 첨예한 내적 긴장 속에서 데카르트는 자신의 권리 청구를 포기할 수도 포기하지 않을 수도 없었다. 이러한 맴돌이가 우리가 읽는 데카르트의 순환 논증이다.

데카르트는 어떻게 이런 맴돌이에 빠진 것일까? 이 원인을 해명하기 위해서 우리는 아리스토텔레스로부터 아퀴나스Thomas Aquinas를 거쳐 데카르트에게 전해진 형이상학의 두 가지 근본 입장이자 방법론을 추적하려 한다.

2. 형이상학의 두 가지 길

(1) 아리스토텔레스와 아퀴나스—'그 자체로' 또는 '우리에게'

아리스토텔레스는 《분석론 후서*Analytica Posteriora*》에서 인식의 선행성과 명증성에 숨겨진 두 가지 순서를 날카롭게 지적한다. 이 구분이 후대의 철학사에 어떤 영향을 미칠지 그는 상상하지 못했을 것이다. "'더 앞서 있다'와 '더 잘 알려진다'는 두 겹의 뜻이 있다. 왜냐하면 '자연의 순서에 따라 앞서 있다'와 '우리에게 앞서 있다', 그리고 '자연의 순서에 따라 더 잘 알려진다'와 '우리에게 더 잘 알려진다' 사이에는 공통점이 없기 때문이다. 나는 '우리에게 더 앞서 있고 잘 알려진다'를 감각적 지각에 가까이 있는 것으로, '그 자체로 더 앞서 있고 잘 알려진다'를 그것과 멀리 있는 것이라고 말한다."[227] 이에 따르면 선행성과 명증성은 '자연의 순서에 따라'와 '우리에게'라는 두 가지 관점에서 서로 구분되며, 또한 '우리에게nobis' 선행하는 것은 감각적 지각이고, '그 자체로

per se', 즉 자연의 순서에 따라 선행하는 것은 감각적 지각으로부터 멀리 있는 것을 뜻한다. 우리가 먼저 지각하는 것은 결과이며, 나중에 지각하는 것은 이 결과의 원인 또는 원리이다. 이 관점을 예컨대 신과 세계를 대상으로 하여 적용해 보면, 우리가 보고 듣고 만지는 이 세계는 감각적 지각을 통해 우리에게 가장 먼저 주어지며, 세계를 창조한 신은 우리에게 가장 나중에 알려진다. 그러나 그 자체로 본다면, 신이 먼저 있고 그가 나중에 세계를 창조했으니 신은 그 자체로 가장 선행하는 존재이다.

아리스토텔레스를 스승으로 삼은 토마스 아퀴나스는 이 구분을 이어받아 신 존재 증명에 적용한다. 그는《신학대전 *Summa Theologiae*》에서 "어리석은 자"가 신의 존재를 부정하기 때문에 이것이 증명될 필요가 있다고 역설한다. "어떤 것이 그 자체로 알려진다는 것은 두 가지를 내포한다. 그 하나는 그 자체로서는 알려져 있으나 우리에게는 알려지지 않은 것이고, 다른 하나는 그 자체로는 물론 우리에게도 알려져 있는 것이다… 신이 존재한다는 이 명제는 그 자체로 보는 한 그 자체로 알려져 있다… 뒤에 밝혀질 것인바, 신은 자기 존재suum esse이기 때문이다. 그러나 우리는 신에 대해 그가 무엇인지 모르기 때문에 이 명제가 우리에게는 그 자체로 알려져 있지 않다. 그러나 이것은 우리에게는 더 알려져 있고 그 본성에 따라서는 덜 알려져 있는 것, 즉 결과를 통해서 증명될per effectus demonstrari 필요가 있다."[228] 신의 존재는 신의 은총을 통해 개시 또는 계시되는 것이기 때문에, 그를 믿는 자에게는 그 자체로 명증하다. 그러나 어리석은 자에게는 자명하지 않기 때문에 신의 존재는 증명되어야 한다. 또한 이들에게는 눈앞의 현실적 결과로부터 신의 존재를 증명하는, 결과로부터의 증명, 이른바 후험적a posteriori 증명이 제격이다.[229]

그런데 아퀴나스는 신의 존재를 오직 신의 관념으로부터 추론하는 선험적a priori 방식, 즉 존재론적 증명을 엄격히 금지했다. 왜냐하면 그는 실존에 대한 모든 권한을 세계 외부의 신에게 귀속시킴으로써 존재의 질서를 만물이 신의 통치에 기대고 있는 형세로 완성하고자 했기 때문이다. 따라서 사물의 본질과 실존은 실재적으로 구분되어야 하며, 이 실재적 구분distinctio realis에 따라 저 너머에서 세계를 통치하고 있는 초월자의 본성은 유한한 존재자의 지성에 결코 '그 자체로' 주어질 수 없는 것이다. 신은 오로지 은총을 통해 자신을 그 자체로 개시한다. 반면에 인간의 지성은 신의 존재를 직접적으로 직관할 수 없으며 오로지 주어진 결과로부터 추론할 수 있을 뿐이다.

(2) 데카르트—인식의 순서와 사물의 질서

데카르트는 《성찰*Meditationes*》의 〈독자를 위한 서언〉에서 인간 정신이 오로지 생각하는 것이며 이것만이 정신의 본성이라는 점을 '사물의 질서'에 따라서가 아니라 오로지 자신의 '지각의 순서'에 따라 파악한 것이라고 이야기한다.[230] 다시 말해 그는《성찰》을 시작하면서 '그 자체로'의 진리가 아니라, 오로지 '우리에게'의 진리만을 탐구하겠다고 공표했던 것이다. 실제로 앞서 말한 데카르트의 두 가지 인과론적 증명은, 아퀴나스가 제시한 다섯 가지 길을 철저히 '우리에게'라는 관점에서 검토해 근본적으로 개조한 결과물이다.[231]《성찰》〈답변Objectiones〉의 필자 중 한 사람인 카테루스Johan de Kater(Caterus)가 데카르트에게 그의 논증과 아퀴나스의 논증을 비교해달라고 요청했을 때 데카르트는 이렇게 답변했다. "나는 내가 감각적인 것들에서 작용인들의 어떤 질서나 연속이 존재한다는 것을 본다는 것으로부터 나의 논증을 도출하지 않았다. 나는 신이 존재한다는 것이 그 어떤 감각적인 사물들이 존재한다는 것보다도 훨씬 더 분명하다고 믿기 때문이다… 나는 나 자신의 존재를, 즉 원인들의 연속에 의존하지 않으면서도 그 어떤 것도 이보다 더 내가 잘 알 수는 없는 나 자신의 존재를 내 논증의 기반으로 삼은 것이다."[232] 그는 '감각적 경험'을 통해 주어지는 불확실한 결과로부터 시작하는 아퀴나스의 길을 따르느니, 차라리 '의식의 경험'을 통해 주어지는 확실한 결과로부터 시작하는 것이 더 합리적이라고 생각했고, 이내 나에게 가장 명증한 것,

즉 나의 실존으로부터 신의 실존을 추론할 수 있었다.

나아가 데카르트는 아퀴나스가 엄격히 금지했던 존재론적 증명을 '우리에게'라는 방법을 통해 복원한다. 앞서 아퀴나스는 본질과 실존의 실재적 구분에 따라 신을 지성의 영역 밖에 배치함으로써 신이 '그 자체로' 주어지는 길을 차단했다. 그러나 데카르트는 실재적 구분을 단지 두 사물에 해당하는 것으로 이해하면서, 오히려 본질과 실존은 실재적으로 구분되지 않으며 단지 관찰자의 시점에서, 즉 이성에 따라ratione 구분될 뿐이라고 말한다.[233] 중세인들의 신은 이미 르네상스(특히 쿠자누스와 브루노의 우주론)를 거치면서 인간과 더불어 '하나의 우주'라는 의미에서 파악되었으며, 신은 어느덧 초월적 원리가 아니라 우주의 내재적 원리가 되어가고 있었다.[234] 이제 신의 관념이 전체로서 그 자체로 인간 지성에 알려지지 않는다 하더라도 우리가 신에 대하여 하나의 밝고 또렷한 관념을 가질 수 있다면 우리는 그것으로부터 신의 실존을 추론할 수 있다. '신은 가장 완전한 존재자ens perfectissimum이다. 가장 완전하다는 것은 모든 완전성을 지니고 있다는 뜻이다. 그런데 실존은 하나의 완전성이다. 따라서 신의 관념은 실존을 포함한다. 그런데 실존을 포함하고 있는 것은 실존하지 않을 수 없다. 따라서 신은 필연적 존재자ens necessarium이다.'

데카르트는 '인식의 순서'에 따라 나로부터 나 이외의 모든 것을 연역하리라 나섰고 그 길의 끝에서 신의 관념을 발견했다. 그러나 그는 다른 사물들과는 달리 신의 관념까지 자신으로부터 연역할 수는 없었다. 왜냐하면 그것은 그가 지니고 있는 모든 관념들 가운데 가장 완전한 것이었고, 따라서 그의 소관 밖이었다. '사물의 질서'에서 신은 지극히 높은 곳에 있다. 이제 그는 인식의 순서에 따라 자기 자신을 가장 확실한 것으로서 인정하면서도 사물의 질서에 따라 가장 높이 있는 것을 인정할 수밖에 없는 상황에 처하게 되었다. '정신의 직관'으로 확신하고 있는 원리와 '추론의 필연성'에 따라 도달한 원리, 이 두 원리가 이제 그를 양쪽으로 찢어갈 터이다.

3. 스피노자의 길

(1) 신의 '실존'에서 신의 '관념'으로

스피노자는 이 양 극단 사이에서 앓고 있던 데카르트의 냉가슴을 누구보다도 잘 알고 있었고 묘책 마련에 만전을 기한다. 그리고 우리는 이러한 과정을 우선 이 책의 〈서론〉에서 확인할 수 있다.[235]

다음과 같이 논증하는 사람들을 만족시키는 것이 좋겠다. '신이 실존한다는 것이 우리에게 그 자체로per se 알려지지 않기 때문에, 우리는 결코 아무것도 확신할 수 없는 것처럼 보인다. 또한 신이 실존한다는 것은 결코 우리에게nobis (추론을 통해서도) 알려지지 않는다. 왜냐하면 (우리가 우리의 근원origio을 모르는 한 모든 것이 확실하지 않다고 말했으므로) 이런 불확실한 전제들로부터는 아무것도 확실하게 결론 내릴 수 없기 때문이다.'(24~25쪽, 원문 146쪽)

다소 함축적인 이 구절을 풀어 쓰자면 다음과 같다. '우리가 아무리 맑고 또렷한 관념을 가졌다 하더라도 우리의 근원을 모르면 그것은 의심 가능하다. 이 의심으로부터 해방되기 위해서는 신의 실존을 반드시 알아야 한다. 그런데 (데카르트의 입장에 따르자면) 신의 실존은 '그 자체로' 알려질 수 없다. 따라서 그것이 추론을 통해 (우리에게) 알려진다 한들 그 전제 자체가 불확실하기 때문에 결국 나의 관념도 신의 인식도 확실성을 획득할 수 없다.' 이것은 사실상 데카르트의 순환 논증에 대한 지적이다. 스피노자는 데카르트를 대변하여 다음과 같이 답변한다.

이러한 난점을 제거하기 위해 데카르트는 다음과 같은 방식으로 대답한다. '… 신이 실존한다는 것이 그 자체로든 다른 것에 의해서든 결코 알려질 수 없다 하더라도, 신의 실존을 추론할 수 있었던 모든 전제에 최대한 정확하게 집중한다면, 우리는 이에 대한 확실한 인식에 도달할 수 있

다.'(25쪽, 원문 146~147쪽)

스피노자는 자신이 데카르트를 대변한다고 말하고 있지만 그 내용은 사실상 데카르트와 다르다. 데카르트가 자신의 근원을 모르는 한 어떠한 것도 확신할 수 없고 확실한 결과가 없기 때문에 아무리 추론 과정에 집중한다 하더라도 원인에 도달할 수 없다는 입장을 되풀이한[236] 반면, 스피노자는 여기서 우리가 추론 과정에 집중하기만 한다면 "신의 실존에 대한 확실한 인식에 도달할 수 있다"고 명확하게 못박고 있다. 순환 논증을 해결하기 위한 시도의 첫 부분에서부터 그는 데카르트와 상반된 입장을 드러내고 있는 것이다. 그러나 스피노자는 이런 답변이 더 많은 의혹을 불러일으킬 것을 잘 알고 있었고, 이내 더욱 구체적인 답변을 제시한다.

이런 대답이 사람들을 제대로 만족시키지 않기 때문에, 나는 다른 것을 제시하겠다… 우리로 하여금 '신이 최고로 참되다'를 긍정하게 만드는, 신에 대한 맑고 또렷한 관념을 가지지 않는 한, 아무리 그 증명에 제대로 집중한다 하더라도 우리는 우리의 실존 이외에 다른 어떤 것도 확신할 수 없다… 그러나 그렇다고 해서 우리가 사물에 관하여 아무것도 인식할 수 없는 것은 아니다. 왜냐하면 앞서 말한 모든 것으로부터 명백한바 신은 우리로 하여금 '그가 사기꾼이라는 것'과 '사기꾼이 아니라는

> 것'을 똑같이 생각하기 쉽도록 우리를 설계해놓지 않았고, 오히려 우리는 우리로 하여금 그가 가장 참되다고 단언하도록 강제하는, 신의 개념을 형성해낼effformare 수 있기 때문이다——문제 전체의 핵심이 바로 여기서 전복된다. 왜냐하면 우리가 이런 관념을 형성해낸 그때… 의심의 근거가 사라질 것이기 때문이다… 우리는 신에 대한 관념 또한 명백하게 만들 수 있다. 그리고 우리가 어떤 식으로 획득했든 이 관념을 가지고 있기만 하다면… 이것은 모든 의심을 제거하기에 충분할 것이다.
> (25~28쪽, 원문 147~148쪽)

여기서 스피노자는 신의 '실존'으로부터 발생되는 문제를 신의 '관념'으로 해결하려 하고 있다. 우리가 신에 대한 맑고 또렷한 관념을 가지고 있다면, 그 내용은 신이 가장 참되며 우리 본성의 지은이이자 보존자일 수밖에 없으며, 우리가 우리의 실존 이외의 다른 진리들, 예컨대 수학적 진리를 의심 가능한 것으로 간주하는 것은 신에 대한 이러한 맑고 또렷한 관념을 가지고 있지 않기 때문이라는 것이다. 간단히 말해 신에 대한 맑고 또렷한 관념만 가지고 있으면, 우리는 참으로 인식한 모든 것을 다시 의심할 필요가 없다. 아니 의심할 수 없다. 문제의 중점이 '우리가 신의 실존을 증명할 수 있는지 없는지'로부터 '우리가 신의 관념을 가질 수 있는지 없는지'로 건너가고 있는 것이다.

그러나 그 자체로든 추론에 의해서든 알려지지 않는 신의 관념을 도대체 우리가 어떻게 획득할 수 있다는 말인가? 스피노자에 따르면, 우리는 신의 관념을 형성해낸다efformare. 다시 말해 우리가 신의 관념을 획득할 수 있는 것은 신의 관념이 외부에서 우리에게 주어지기 때문이 아니라, 우리 안에서 그것을 형성해내기 때문이다.

그러나 과연 어떻게 '그 자체로' 주어지지도 않는 신의 관념을 '우리'가 형성해낼 수 있다는 것인가? 이에 대한 답변은 이 책에서도 《에티카》에서도 언급되지 않으며, 그보다 앞서 저술된, 방법에 관한 미완성 유고 《지성교정론*Tractatus de Intellectus Emendatione*》[237]에서 발견된다.

(2) 참된 방법—베이컨의 《신기관》 vs 스피노자의 《지성교정론》

> 진정한 방법은 순수 지성, 순수 지성의 본성, 그리고 그 법칙들의 인식일 뿐입니다. 이러한 인식을 획득하기 위해서는 무엇보다도 상상과 지성을 구분해야 합니다… 이러한 점을 적어도 방법이 요청하는 정도로 이해하기 위해서는, 정신의 본성을 제일 원인을 통해서 인식할 필요는 없으며, 베이컨의 방식대로 정신이나 지각들에 대해 짧게 묘사하는 것으로 충분합니다. —스피노자가 바우메이스터르Bouwmeester에게[238]

스피노자는 《지성교정론》에서부터 맑고 또렷한 관념은 모두 참이고 우리는 그것에 대해 결코 의심할 수 없다는 입장을 강하게 견지하고 있었다. 그는 데카르트처럼 나 자신을 속여 잠깐 동안 이런 의견이 거짓되고 공상적인 것이라고 가정하는 일[239]조차 허용하지 않았으며 이런 입장이《데카르트 철학의 원리》에서도 확고하게 유지되고 있음을 우리는 앞서 확인했다. "최고의 사기꾼이 존재하는지 존재하지 않는지를 확실히 알지 못한다 하더라도 우리는 신에 관한 이러한〔=확실한〕 인식에 도달할 수 있고, 이러한 인식에 도달하기만 하면 우리가 맑고 또렷한 관념에 대해 할 수 있는 모든 의심은 제거되기에 충분하다."[240] 그는 지성 능력에 대해 한 치도 의심하지 않는다. 오히려 "지성은 확실성을 가지고 있다".[241]

그런데 여기서 우리가 주목할 점은, 스피노자의 방법에 관한 탐구가 앞의 편지에서 회고되고 있듯이 프랜시스 베이컨 Fransis Bacon의 영향 아래에서 이루어졌으며, 그러한 흔적이 《지성교정론》 곳곳에 남았다는 사실이다.[242] 베이컨은 아리스토텔레스가 연역법에 기초한 논리학Organon을 학문의 방법론으로 채택한 것을 비판하고 실험에 기초한 귀납법을 참된 학문의 방법론이라 주창함으로써 데카르트에 앞서 근대를 연 인물로 평가받는다. 또한 이러한 방법에 대한 반성은 《신기관*Novum Organum*》에 다양한 아포리즘의 형태로 남아 있다. 물론 중세 스콜라 철학의 스승인 아리스토텔레스를 논적으로 삼는 일은 근대 초기에 반복적으로 발견되는 현상이며, 베이컨은 물론 데카르트와 스피노자는 이 철학적 전선의 맨 앞에 서 있었다. 이들이 모두 철학적 방법론에 몰두했던 것은 바로 아리스토텔레스의 논리학을 극복할 수 있는 새로운 논리학을 고안하기 위한 노력이었다. 더구나 이러한 노력은 칸트의 선험론적 논리학과 헤겔의 변증법까지 지속되기 때문에, 새로운 논리학에 대한 탐구는 근대 철학 전체를 관통하는 문제의 역사 그 자체였다.

《신기관》을 읽어본 독자라면, 베이컨이 얼마나 방법의 문제에 천착했는지, 나아가 얼마나 아리스토텔레스의 논리학을 혐오했는지 알고 있을 것이다. "우리의 방법은 실행하기는 좀 어렵지만 설명하기는 쉽다… 사태가 워낙 악화되어 있기 때문에 지금은 그런(=아리스토텔레스의) 논리학으로는 어림도 없다. 정신은 매일매일의 생활 습관 때문에 그릇된 이설에 오염되어 있으며, 심지어 허망한 우상에 사로잡혀 있다. 그러므로 저 논리학이라는 학문은… 사태를 해결할 능력을 완전히 상실해 진리를 밝히기보다는 오류를 강화하는 역할을 해왔을 뿐이다. 이제 우리들에게 남아 있는 유일한 희망과 구원은 정신의 작업 전체를 새롭게 시작하는 것이다. 정신을 그냥 방치하지 말고 처음부터 끊임없이 지도해서, 마치 기계의 도움을 받는 것처럼 우리의 목적을 달성하자는 것이다. 기계의 도움이 필요한 작업을 아무런 도구도 없이 맨손으로 달려들 경우 아무리 열심히 공을 들인다 하더라도 제대로 해낼 수 없는 것과 마찬가지로, 지적인 작업을 하는 사람도 오직 정신의 힘만 가지고 덤벼들어서는 제대로 할 수 있는 일이 없다."[243] 그가 정신과 방법에 대하여 맨손과 도구의 비유를 드는 것은 다음에서도 반복된다. "맨손으로는, 또한 그냥 방치된 지성만으로는 할 수 있는 일이 별로 없다. 손도 도구가 있어야 일을 할 수 있듯이, 지성도 도구가 있어야 무슨 일이든 할 수 있다. 도구를 쓰면 손의 활동이 증진되거나 규제되는 것처럼, 인간의 정신도 도구를 사용하면 지성이 촉진되거나 보호된다."[244] 여기서 베이컨은 우리의 정신이 마치 맨손과 같아 도구 없이는 제대로 할 수 있는 일이 없기 때문에, 도구를 사용함으로써 우리의 지성 능력을 촉진할 수 있다고 말하고 있다.

(3) 관념의 형성과 두 방법론의 통합

방법에 몰두하고 있던 스피노자는 《신기관》을 연구하면서 깊은 인상을 받았지만 베이컨의 입장을 그대로 받아들일 수는 없었다. 방법이 정신 외부에서 정신을 돕는 어떤 도구라는 베이컨의 주장에서 정신 자체의 능력을 못 미더워하는 베이컨의 내심[245]을 읽어냈기 때문이다. 스피노자는 방법을 찾기 위해 베이컨과 전혀 다른 길로 들어선다——정신 외부로 찾아 나서는 길이 아니라 지성의 본성으로부터 찾아내는 길로.

방법은 다름 아닌 반성적 인식 즉 관념에 대한 관념cogitatio reflexiva aut idea ideae이다… 처음에 관념이 없으면 관념에 대한 관념도 없으므로 방법도 없다… 가장 완전한 방법이란 정신이, 주어져 있는 가장 완전한 존재자의 관념에 따라, 어떻게 인도되어야 하는지를 보여주는 것이다. (《지성교정론》, 16쪽)

방법은 지성의 자기 탐구, 즉 자기 반성이며 지성은 이로써 인식을 확장해간다. 따라서 관건은 우리가 어떤 것을 최초의 관념으로 가지느냐 하는 것이다. 왜냐하면 우리가 처음에 아무것도 아닌 관념을 가지게 된다면 이 관념에 대한 관념 또한 아무것도 아닌 것이 될 것이며, 이렇게 계속 진행되면 최초의 것으로부터 확장된 인식 전체가 아무것도 아닌 것이 되기 때문이다. 만일 그렇다면 방법 또한 아무것도 아닌 것이 된다. 따라서 가장 완전한 방법은 바로 가장 완전한 존재자의 관념을 반성함으로써 시작되는 인식의 확장 방식이다.

그런데 여기서 "주어져 있는" 가장 완전한 존재자의 관념이란 무슨 뜻인가? 다시 말해 이 관념은 어디로부터, 또는 무엇에 의해 주어져 있는 것인가? 스피노자의 답은 '바로 우리 자신으로부터'이며, 바로 이 점이 만듦facere과 형성formare 사이를 구분한다. 스피노자의 방법은 지성을 도와 진리를 만드는to make 외적 도구가 아니라 지성이 제 안에서 형성하는 to form 진리의 형식 그 자체이다.[246] "우리는 오류에 대한 불안 없이 임의로 단순한 관념을 형성할formare 수 있다."[247] 이런 형성 개념은 이 책《데카르트 철학의 원리》(27쪽, 원문 148쪽 이하)에서 형성해냄(efformare, ex-formare)이라는 표현으로 더욱 강조되고 있으며 스피노자는 '작용 원인'에서 이 작용(efficere, ex-facere) 개념을 사실상 형성 개념으로 대치하고 있다. "자발적 자가 발전spontaneous self-generating development"[248]이라는 자기 완결적 관념 형성의 모델, 이것이 바로 스피노자의 형성 개념이 지니고 있는 철학사적 특이성이다.[249]

스피노자는 관념과 관념의 대상을 엄격하게 구분하고 참된 관념의 형상form이 어떤 대상으로부터 오는 것이 아니라 지성의 본성 자체에 의존해 있다고 주장함으로써[250] 관념에 대한 모든 외부적 원인을 배제한다. 그리고 이러한 외적 인과율을 거부함으로써 그는 사물의 질서와 인식의 순서를 통일할 수 있었다.[251] 신의 관념은 더 이상 어떤 초월적 타자가 아니다. 오히려 지성이 제 능력으로써 제 안에서 길어낼 수 있는 관념들 가운데 가장 완전한 관념, 가장 높은 완전성을 지닌 관념이다. 그리고 우리의 탐구 방법을 완전하게 하기 위해서 우리는 가장 완전한 관념에서 시작해야 한다. 이제 생각의 생각[252]은 관념의 관념[253]이 되었으며, 있는 것을 있는 것으로서[254] 다루는 학문은 생각하는 것을 생각하는 것으로서[255] 다루는 학문이 되었다. 바로 여기가 《에티카》의 출발점이다.

주

1 정확한 원제는 다음과 같다. 《암스테르담의 베네딕투스 데 스피노자에 의해 기하학적 방식으로 증명된 르네 데카르트의 《철학의 원리》 1, 2부. 부록 | 형이상학적 사유—일반 및 특수 형이상학에서 떠오르는 난제들에 대한 짤막한 해명*RENATI DES CARTES PRINCIPIORUM PHILOSOPHIAE Pars I, & II, More Geometrico demonstratae PER BENEDICTUM de SPINOZA Amstelodamensem. Accesserunt Ejusdem COGITATA METAPHYSICA, In quibus difficiliores, quae tam in parte Metaphysices generali, quàm speciali occurrunt, quaestiones breviter explicantur*》. 뒤로는 이 본문과 부록을 각각 《데카르트 철학의 원리》와 〈형이상학적 사유〉로 줄임. 이 책을 통해 스피노자Benedictus de Spinoza는 데카르트René Descartes 사상에 가장 정통한 인물로 전 유럽에 이름을 알리게 되며 이를 계기로 하이델베르크 대학으로부터 교수직을 제안받지만 이를 거절했다.

2 데카르트는 1644년 자신의 철학을 집대성하여 《철학의 원리》를 출간한다. 이 책은 제1부 "인간 인식의 원리들에 관하여", 제2부 "물질적인 것들의 원리들에 관하여", 제3부 "가시 세계에 관하여", 제4부 "지구에 관하여"로 구성되어 있다. 스피노자의 《데카르트 철학의 원리》는 앞의 주에서 제시한 원제처럼 데카르트의 《철학의 원리》 제

1, 2부에 대한 기하학적 증명이지만, 본문은 총 3부이다. 이번에 번역된 제1부는 데카르트의 책 1부에 대한 〈서론〉과 〈기하학적 증명〉으로 구성되어 있다. 제2부는 데카르트의 책 2부를 기하학적 방식으로 증명한다. 제3부는 데카르트의 책 3부에서 몇 가지 항목을 선택하여 기하학적 방식으로 증명하는 추가적인 부분이다. 부록인 〈형이상학적 사유Cogitata metaphysica〉에 대해서는 뒤에서 상세히 다룰 것이다.

3 단순한 해설인지, 비판인지, 비판적 수용인지에 관하여 연구자들 간에 이견이 있다. 이것에 관해서는 졸고 〈스피노자의《데카르트 철학 원리》(1663) 연구 (1): 〈서론〉에서 '신 증명'과 '순환논증'의 문제〉, 《칸트연구》 22집(한국칸트학회, 2008), "1. 선행연구. 입장들"을 참조.

4 〈신의 실존 및 영혼과 신체의 구분을 증명하는, 기하학적 방식으로 배열된 논증Rationes dei existentiam & animae a corpore distinctionem probantes more geometrico dispositae〉. 이것은 아당-타네리Adam-Tannery가 편집한《데카르트 전집*œuvres de Descartes*》(Paris: Vrin, 1996)〔이 전집을 뒤로는 AT로 줄이고 데카르트의 인용은 AT의 쪽수를 따름〕, VII, 160~170쪽에 수록되어 있다. 기하학적 기술 방식에 대해서는 옮긴이주 8을 참조.

5 〈형이상학적 사유〉의 집필 연대는 정확히 알려진 바 없으나, 연구자에 따라 1660년까지 거슬러 올라가기도 한다. S. Barbone, "Introduction", to Spinoza, *Principles of Cartesian Philosophy with Metaphysical Thoughts*(indianapolis: Hackett, 1998), xvii. 근거가 희박하긴 하나, 이것이 사실이라면 이 부록은《지성교정론》이전 스피노자의 형이상학 연구를 알려준다는 점에서 더욱 귀중한 문헌적 가치를 지닐 것이다.

6 예컨대 네 사람이 신에 관하여 기술하고 있는 항목들과 순서를 비교해보자.

수아레스 《형이상학 논쟁 *Disputationes metaphysicae*》 (1597)	뷔르헤르스데이크 《형이상학 강요 *Institutiones metaphysicarum*》 (1640)	헤르보르트 《형이상학 연습 *Meletamata philosophica*》 (1654/55)	스피노자 〈형이상학적 사유〉 (1663)
단순성	필연성	유일성	1장 영원성
막대함	유일성	단순성	2장 유일성
불변성과 영원성	영원성	막대함	3장 막대함
유일성	막대함	영원성	4장 불변성
지식	단순성	은총	5장 단순성
의지	불변성	생명	6장 생명
전능	생명과 지성	지식	7장 지성
창조	의지와 능력	의지	8장 의지
	창조	능력	9장 능력
	참여	뜻	10장 창조
		창조	11장 참여
		예정	
		보존	
		참여	

이 표는 다음의 것을 재편집한 것이다. J. Freudenthal, "Spinoza und die Scholastik", *Philosophische Aufsätze*(Leipzig: 1887, Nachdruck Zentral-Antiquariat Deutschen Demokratischen Republik, 1962), 110쪽. 스피노자는 〈형이상학적 사유〉 2부 2장에서 헤르보르트가 자신의 논적임을 명시적으로 표현하기도 한다. 헤르보르트에 관해서는 옮긴이주 196을 참조.

7 スピノザ 著, 《デカルト哲学原理》, 新福 敬二 飜訳(東京: 春日出版社, 1950);

《デカルトの哲学原理—附 形而上学的思想》, 畠中 尚志 飜訳(東京: 岩波文庫, 1995).

8 (옮긴이주) 이 〈서론〉은 데카르트의 분석적 기술 방식을, 이어지는 〈기하학적 증명〉은 종합적 기술 방식을 따르고 있다. 두 기술 방식에 대한 데카르트의 해설은 다음과 같다. "분석analysis은 어떤 참된 길을 열어주는데, 이 길을 따라 사물은 방법적으로 이른바 앞선 것부터 발견된다. 그리하여 만일 독자가 주의 깊게 이에 따르고 모든 점에 충분한 주의를 기울이기만 한다면, 그는 그 사물을 자신이 스스로 발견한 것과 조금도 다르지 않게 완벽히 이해하고 제 것으로 삼을 것이다. 그러나 이 방법은 논쟁적이거나 아니면 부주의한 독자를 확신시킬 수 없다… 반면에 종합systhesis은 반대 길을 따라 이른바 뒤에 오는 것부터 탐구하는데… 정의, 요청, 공리, 정리의 긴 계열을 사용하여, 만일 누군가 결론들 가운데 어떤 것을 부정한다면, 그것이 전제들에 포함되어 있다는 사실을 그에게 곧바로 제시함으로써 아무리 논쟁적이고 완고한 독자라 하더라도 그로 하여금 동의할 수밖에 없게끔 만든다. 그러나 분석과 달리 종합은 배우고자 하는 사람을 만족시키지는 않는다. 왜냐하면 종합은 문제가 되고 있는 것이 어떻게 발견되었는지를 가르쳐주지 않기 때문이다. 고대 기하학자들은 그들의 저술에서 오로지 이것〔=종합〕만을 쓰곤 했는데, 다른 것〔=분석〕을 몰라서 그랬던 것이 아니라, 그것을 비밀의 가르침〔秘教〕arcanum으로서 간직할 만큼 중요하다고 판단했기 때문이다… 나는 나의 저서《성찰*Meditationes*》에서 오직 분석만을 사용했으며 이는 참된 가르침을 위한 가장 좋은 방법이다." AT VII, 155~156. 또한 1648년 4월 16일의 한 편지에서 데카르트는《철학의 원리*Principia Philosophiae*》를 종합에 따라 기술했다고 회고한다. AT V, 153.

9 (옮긴이주) clarè & distinctè: → clarus, → distinctus(← distinguo).

기존에 '명석 판명한'이라고 번역되던 clarus & distinctus를 새로 '맑고 또렷한'이라고 옮겼다. 이것에 대한 데카르트의 설명은 다음과 같다. "바라보는 눈에 현존하여 눈을 충분히 강하고 분명하게 자극하는 것들을 우리가 명석하게 본다고 말하듯이, 나는 집중하고 있는 정신에 현존하며 드러난 지각을 명석한clarus 지각이라고 부른다. 그리고 나는 명석하기 때문에 다른 모든 것과 잘 구별되어 단지 명석한 것만 담고 있는 지각을 판명한distinctus 지각이라고 부른다." 르네 데카르트,《철학의 원리》, 원석영 옮김(아카넷, 2002), 1부 45항. 각각의 반대말로 사용되는 용어는 다음과 같다. obscurus (↔ clarus): 어둡고 탁하고 흐릿하고 침침한. confusus(↔ dis-tinctus): 헛갈리고 뒤섞이고 혼동스러운.

10 (옮긴이주) quae omnia eousque in rerum naturâ esse putaverat: rerum natura는 키케로Cicero 시대에 대자연, 모(母)자연, 세계 등을 뜻했다. 키르히만J. H. von Kirchmann은 "이제껏 현실적wirklich이라고 간주한 모든 것"이라고 옮겼다. 반면 바투샤트W. Bartuschat와 셜리S. Sherley는 rerum natura를 Realität/reality라고 옮겼다. 프라J. G. Prat는 직역하여 la nature de choses라고 옮겼다.

11 (옮긴이주) 르네 데카르트,《성찰》, 양진호 옮김(책세상, 2018), 〈제1성찰〉, 18~20(본문 옆 AT 쪽수) ; 데카르트,《철학의 원리》, 1부 4항.

12 (옮긴이주) 이것은 사실 데카르트,《성찰》,〈제4성찰〉(76~77)에 가서야 등장한다.

13 길이, 넓이, 높이 등 각종 크기를 가지고, 즉 양적으로 공간에 펼쳐져 있는 사물의 본성을 뜻한다. 정의 7에 따르면 모양, 장소, 위치 이동 등은 모두 이 〔공간상〕 펼침을 전제로 하는 속성이다. 또한 정리 21을 참조.

14 (옮긴이주) 데카르트,《성찰》,〈제1성찰〉, 20.

15 (옮긴이주) 데카르트,《성찰》,〈제1성찰〉, 21~22.

16 (옮긴이주) 데카르트,《성찰》,〈제2성찰〉, 24.

17 (옮긴이주) 데카르트,《성찰》,〈제2성찰〉, 24~25.

18 (옮긴이주) 데카르트,《성찰》,〈제2성찰〉, 25. 또한 르네 데카르트,《방법서설》, 이현복 옮김(문예출판사, 1997), 32~33.

19 (옮긴이주) 이 일반 규칙을 '나는 생각한다cogito'로부터 직접 도출하는 것은 사실《방법서설》의 방식이다. 데카르트,《방법서설》, 33.

20 (옮긴이주) ego sum cogitans: cogitans는 현재분사이므로 여러 가지 번역이 가능하다. '나는 생각하는 것으로서 있다' 또는 '나는 생각하는 한에서 있다' 또는 '생각하는 나는 있다' 등.

21 (옮긴이주) 〈대답 2Secundae Responsiones〉, "세 번째Tertio…", AT VII, 141~142. 본디《성찰》의 정본은 우리가 번역서를 통해 접할 수 있는 부분 이외에 메르센Mersenne, 홉스Hobbes, 카테루스Caterus 등이 작성한 다섯 가지 〈반론Objectiones〉과 이 각각에 대한 데카르트의 다섯 가지 〈답변Responsiones〉을 수록하고 있으며, 이 부분을 〈반론과 대답Objectiones & Responsiones〉이라고 별칭하기도 한다. 〈반론과 대답〉은 다음 제목으로 번역, 출간되었다. 르네 데카르트,《성찰: 성찰에 대한 학자들의 반론과 데카르트의 답변》, 전2권, 원석영 옮김(나남, 2012).

22 (옮긴이주) 데카르트,《성찰》,〈제2성찰〉, 25~26.

23 (옮긴이주) dubitare, intelligere, affirmare, negare, velle, nolle, imaginari & sentire. 데카르트,《성찰》,〈제2성찰〉, 28.

24 (옮긴이주) 데카르트,《성찰》,〈제3성찰〉, 51~52·〈제5성찰〉, 70~71.

25 (옮긴이주) 데카르트,《성찰》,〈제4성찰〉, 52~62 ; 스피노자,

〈형이상학적 사유〉, 2부 12장.

26 (옮긴이주) 데카르트, 《성찰》, 〈제4성찰〉, 71~90.

27 (옮긴이주) 옮긴이가 임의로 한 행을 띄우고 소제목을 붙였다.

28 (옮긴이주) 데카르트의 순환 논증에 대한 지적이다. 이것에 관해서는 〈해제〉를 참조.

29 (옮긴이주) 여기서 스피노자는 데카르트의 순환 논증을 자기 고유의 방식으로 해결하려 한다.

30 (옮긴이주) 옮긴이 문단 나눔.

31 (옮긴이주) ← ex-formare. 키르히만은 ex-의 의미를 살려 voraus-bilden으로 옮겼다.

32 (옮긴이주) 옮긴이 문단 나눔.

33 (옮긴이주) 여기서 스피노자는 데카르트의 순환 논증에 대한 자신의 최종 해법을 제시한다.

34 이 제목은, 〈서론〉에 이어 데카르트의 《철학의 원리》 제1부를 기하학적으로 증명하는 부분을 통틀어 가리키기 위해 옮긴이가 임의로 붙인 것이다.

35 (옮긴이주) 이하 각 정의에서 '~라는 말로써 나는 ~을 의미한다' 또는 '~을 일컬어 ~라 한다' 등의 표현은 모두 '~은/이란 ~이다'로 옮겼다.

36 (옮긴이주) 데카르트, 《철학의 원리》 1부 9항.

37 (옮긴이주) 자발적 운동motus voluntarius은 외부 자극에 의한 운동과는 달리 생각을 단초로 일어난다. (물론 현대의 인지과학은 다르게 설명할 것이다.) 하지만 그 운동 자체가 곧 생각은 아니며, 오히려 움직여진 것motus으로서 생각의 결과라는 뜻으로 읽을 수 있겠다.

38 (옮긴이주) B. 스피노자, 《에티카*Ethica*》, 강영계 옮김(서광사, 1990), 2부 정의 3과 비교.

39 (옮긴이주) in-form-are로 나누어 '형상을 전하다'로 옮겼다. 셜리도 to communicate one's form의 꼴로 옮겼다.

40 (옮긴이주) Per realitatem objectivam ideae intelligo entitatem rei repraesentatae per ideam, quatenus est in ideâ: 〈제3성찰〉 40~41과 비교. 대상적 실재성realitas objectiva과 표상적 실재성realitas repre-sentativa은 거의 치환되는 말이므로, 혼동을 피하기 위해 모두 표상적 실재성으로 옮겼다. 옮긴이주 73 참조.

41 (옮긴이주) 이 책의 공리 9에서 글과 초상화의 예를 참조.

42 (옮긴이주) tanta, ut talium vicem supplere possint: "tanta ut~"를 "~하고도 남는다"로 옮겼다. "tanta(→ tantus)"는 현실적, 도덕적 가치 등이 많거나 높은 것을 표현한다. 이어지는 본문 내용을 고려할 때, 높든 크든 많든, 모두 완전성 혹은 실재성에 있어서 더 높은 등급을 뜻한다. 이 책의 공리 4 참조.

43 (옮긴이주) 키르히만은 "우월하게eminenter"를 "압도하는 방식으로 in überwiegender Weise"라고 옮겼다. 이것의 어원인 동사 eminere (← ex-minere)는 본디 성벽의 첨탑minae이라는 말에서 왔으며, 산이나 첨탑 등이 우뚝 솟아 눈에 띄는 모습을 가리켰다.

44 (옮긴이주) excellentiùs: 키르히만은 이 월등함을 표현하기 위해 앞의 주에서 말한 '우뚝 솟아 눈에 띄는vorzüglich'을 사용했다.

45 (옮긴이주) proprietas, sive qualitas, sive attributum.

46 (옮긴이주) 여기서 주체subjectum는 근대적 자아ego를 뜻한다기보다는, 문법적 의미에서 술어와 결합하는 주어, 내지는 형이상학적 의미에서 여러 속성들이 귀속하는 존재론적 장소를 뜻하는 것으로 보인다.

47 (옮긴이주) 스피노자, 《에티카》 1부 정의 3과 비교.

48 (옮긴이주) 스피노자, 《에티카》 1부 정리 16, 정리 25의 따름정리,

정리 26의 주석, 2부 정의 1, 정의 7 등과 비교.

49 (옮긴이주) 키르히만은 영혼anima을 "생명 원리Lebensprinzip"로 옮겼다. 라틴어 anima는 본디 물리적으로 제한되어 있는 생물의 삶(죽음의 대립 개념)을 가리켰고, 나중에는 인간의 이성적 영혼, 즉 정신의 의미까지 포괄하게 되었다. 한편 감정, 욕구, 지각 등 심리적 운동/변화는 마음animus으로 표현되었다. 정신mens은 이보다 더욱 내적이고 고차원적인 지각 능력으로서, 지적 능력들, 지식, 지혜, 직관, 의지 등을 표현했고, 나아가 별다른 수식 없이 신의 의지와 정신까지 표현했다. 정의 7 참조.

50 (옮긴이주) 정의 5와 그 역주를 참조.

51 (옮긴이주) 정리 3 이하에서 다루어진다. 또한《에티카》1부 정의 8의 주석 2, 정의 10, 14, 15, 2부 정의 8의 주석, 정리 21, 3부 정리 2의 주석.《신학-정치학 논고*Tractatus Theologico-Politicus*》, *Spinoza Opera*, III, 2, 4, 14.

52 (옮긴이주) per se: 스피노자가 덧붙인 것이다.

53 (옮긴이주) 스피노자,《에티카》1부 정의 4와 비교.

54 (옮긴이주) verè: 스피노자가 덧붙인 것이다.

55 (옮긴이주) 스피노자,《에티카》1부 정리 5, 7, 8, 10, 14, 15 및 데카르트,《철학의 원리》1부 60항과 비교.

56 (옮긴이주) 데카르트의 일곱 가지 "공준들postulata"은 다음을 참조. AT VII, 160～164.

57 (옮긴이주) 스피노자는 이 공리들을 제시하면서 데카르트에 얽매이지 않는다. 데카르트는 열 개의 공리를 가지고 있었으나, 스피노자는 이것들을 세 개의 공리로 환원한다. 또한 데카르트의 공리 8, 9를 삭제하면서 남은 여덟 공리를 이어지는 정리들 뒤에 배치함으로써 이것들(이 책에서는 공리 4～11)이 앞서 증명된 것들에 의존하도록

만들었다.

58 (옮긴이주) per cognitionem, & certitudinem alterius, quae ipsâ prior est certitudine, & cognitione: 아직 알려지지 않은 것의 인식은, 그것보다 더 확실하고 먼저 알려져 있는 어떤 것, 즉 그보다 더 명증한 것(notum, evidens)의 인식을 통해야 가능하다는 뜻이다.

59 (옮긴이주) 이 공리는 스피노자가 《에티카》(2부 공리 5)에서 신의 관념이 오로지 사유와 펼침이라는 속성으로만 분석되어야 함을 증명하는 데 중요한 역할을 한다.

60 (옮긴이주) per se notum: 또는 자명한 것. 프라는 "évident de soi-même"로 옮겼다. 주 65 참조.

61 (옮긴이주) q.e.d.: = quod erat demonstrandum. 이것이 우리가 증명하려 했던 것이므로 이제 증명이 끝났다는 뜻이다.

62 (옮긴이주) ego sum res corporea aut constans corpore.

63 (옮긴이주) corollarium: 강영계[《에티카》(서광사, 1990)]는 "보충"이라 옮겼으나, 여기서는 조현진[《에티카》(책세상, 2006)]의 번역을 따랐다. 사실 지금까지의 정리들(1~4)은 바로 이 따름정리, 즉 우리의 관념들 가운데 신체와 정신은 우리에게 다른 것들보다 더 명증하며, 그 가운데서도 정신이 가장 명증하다는 것을 도출하기 위한 것이었다. 뒤로 이것들에 대한 주석이 이어진다.

64 (옮긴이주) scholium: 이것은 본디 그리스-로마 고전이나 기독교 경전의 주석가들이 본문의 중요한 부분을 길게 풀어 쓰는 전통에서 온 것이다. 본문의 모든 주석은 스피노자가 새로 쓴 것이다.

65 (옮긴이주) → evidens(← ex-video)는 그대로 풀어 쓰면 '멀리서 보이는que se ve desde lejos'이라는 뜻이다. 따라서 명증성은 얼마나 멀리서 보이는지, 따라서 얼마나 높이 솟아 있는지eminens에 따라 그 정도 즉 등급이 달라진다. 주 42, 43, 44를 참조. 또한 알려져 있고

명증하다는 뜻의 →notus와 치환된다.

66 (옮긴이주) pro verissimo: 바투샤트는 "의심 없이 참된 것으로서als zweifelsfrei wahr"라고 옮겼다.

67 (옮긴이주) 옮긴이 문단 나눔.

68 (옮긴이주) 옮긴이 문단 나눔.

69 (옮긴이주) entitas: 바투샤트는 "존재Sein"로 옮겼다.

70 (옮긴이주) 데카르트의 공리 6.

71 (옮긴이주) affirmat: →affirmo는 문맥에 따라 긍정하다, 주장하다, 보증하다, 단언하다 등으로 옮겼다. 바투샤트에 따르면, 관념이 주장의 동기라는 것은 데카르트의 입장이 아니며, 이는 의지가 지성과 구분되지 않는다는 것을 전제하고 있다.

72 (옮긴이주) '아무것도 아닌 것nihil'과 삼을 수 '없다non'를 이중 부정으로 놓고 소거하면, 실존하는 사물과 그 완전성은 무언가 실존하는 것을 자신의 원인으로 삼아야 한다는 뜻이 된다.

73 (옮긴이주) "우리가 가지고 있는 관념들을 더 고찰해보면, 우리는 다음의 사실을 확실하게 알게 된다. 관념들은 사고의 양태인 한 그다지 다르지 않다. 그러나 어떤 관념은 어떤 것을 그리고 다른 관념은 다른 어떤 것을 표상하는 한에 있어서 그 관념들은 서로 매우 다르다. 그리고 그 관념들의 표상적 완전성을 더 많이 담고 있으면 있을수록 그것들의 원인들은 그만큼 더 완전해야만 한다. 그렇지 않다면, 어떤 사람이 매우 정교한 기계의 관념을 가지고 있는 경우에 그에게 다음과 같은 질문들을 던지는 것이 어떻게 정당할 수 있는가? 즉 그가 어떤 원인으로부터 그 관념을 취득하게 된 것인지, 다른 누군가가 만든 그런 기계를 어디서 보았는지 또는 기계학을 그토록 정확하게 배웠는지, 또는 타고난 그의 능력이 너무 뛰어나 세상 어디서도 본 적이 없는 기계를 스스로 창안해낼 수 있었는지 같은 질문

들을 말이다. 이른바 그림에 담겨 있듯이 그 관념 속에 오로지 표상적으로 담겨 있는 작품은 그 관념의 원인 속에 담겨 있어야 하며, 적어도 최초의 고유한 원인 속에는 단지 대상적으로 또는 표상적으로 objective sive repraesentive가 아니라 그 자체 형상대로 또는 우월하게 담겨 있어야 한다." 데카르트, 《철학의 원리》 1부 17항.

74 (옮긴이주) 옮긴이 문단 나눔.

75 (저자주) 이 공리에 대해서도 우리는 확신한다. 왜냐하면 우리는 생각하는 동안 우리 안에서 이것을 발견하기 때문이다. 앞의 주석을 보라.

76 (옮긴이주) pro gradu perfectionis perfectiorem causam requirunt: 바투샤트를 따라 옮겼다.

77 (옮긴이주) repraesentat: 또는 표상한다면.

78 (옮긴이주) 옮긴이 문단 나눔.

79 (옮긴이주) ad delineamenta characterum, & ordinem literarum.

80 (옮긴이주) ad ejus delineamenta: → delineamentum을 앞서 책에 관련해서는 '서체'로 번역했었다.

81 (저자주) 이 공리는 각 사람이 생각하는 동안 저 자신 속에서 발견하는 것이다.

82 (옮긴이주) quid positivum: 즉 부정적인 것(아무것도 아닌 것nihil)이 아니라면.

83 (옮긴이주) 데카르트의 정리 1 그대로. 이 증명은 존재론적, 즉 선험적 증명이다.

84 (저자주) 데카르트, 《철학의 원리》 1부 16항을 보라.

85 (옮긴이주) 데카르트의 정리 2 그대로. 이 증명은 신의 관념을 '우리가 가지고 있다'라는 결과로부터 신의 실존을 추론하는 후험적 증명이다.

86 (옮긴이주) 데카르트의 정리 3 그대로. 앞의 정리가 '우리가 신의 관념을 가지고 있다'에 방점이 있다면, 이 정리는 그러한 '우리가 실존한다'에 방점이 있다.

87 (옮긴이주) 일반적으로 정리 뒤에는 그 정리의 증명이 이어진다. 그런데 여기서는 정리 7의 증명이 주석과 보조정리 뒤에 왔다. 물론 이는 "두 보조정리를 먼저 증명하고, 그 다음 이를 바탕으로 정리 7의 증명을 작성"하겠다는 스피노자의 의도이다(정리 7의 주석 마지막 참조). 이 의도와 달리, 셜리는 별다른 설명 없이 일반적인 순서에 따라 정리 7의 증명을 정리 7 바로 아래에 재배치했다.

88 (옮긴이주) 데카르트의 공리 8과 9.

89 (저자주) 독자는 다른 예들을 찾을 것이 아니라 거미를 예로 들어보라. 거미는 쉽게 그물망을 짜는 데 반해, 사람들은 굉장히 어렵게 짠다. 반대로 천사들은 못할지도 모를 많은 일들을 사람들은 쉽게 한다.

90 (옮긴이주) 부정적 대답을 기대하는 의문부사 num을 사용해 묻고 있다.

91 (옮긴이주) 바투샤트에 따르면, 속성과 실체에 관한 이런 구분은 사실 스피노자의 능청이다. 그에게 속성은 실체에 속하는 본질적 규정이다.

92 (옮긴이주) 옮긴이 문단 나눔.

93 (옮긴이주) vis sive essentia.

94 (저자주) 실체가 자기 보존에 사용하는 힘은 다름 아닌 그것의 본질이고, 다만 명칭상nomine 구분될 뿐이다. 이는 〈형이상학적 사유〉의 "신의 능력에 관하여"에서 아주 상세히 다룰 것이다.

95 (옮긴이주) 옮긴이 문단 나눔.

96 (옮긴이주) aliquis existere, in quo omnes perfectiones, quarum idea

aliqua est in nobis: "idea aliqua"에서 해석상의 논란이 있다. 즉 우리가 모든 완전성을 어떤 관념으로 가지고 있다고 해석할 수도 있고, 모든 완전성 가운데 몇몇 관념을 가지고 있다고 해석할 수도 있다. 이것에 관해서는《철학의 원리》1부 19항 및 이것의 주 12를 참조.

97 (옮긴이주) 앞 문단이 우리가 정신을 신체 없이도 '밝게clare' 지각한다는 내용이라면, 이 문단은 우리가 정신을 신체로부터 실재적 구분distinctio에 따라 '또렷하게distincte' 인식한다는 내용이다. 정신에 대한 인식은 이런 방식으로 '밝고 또렷하게' 완결된다.

98 (옮긴이주) 신적 직관으로서의 인식을 뜻한다. 뒤의 지성intellectus은 인간의 인식을 뜻한다.

99 (옮긴이주) causa cognitionis Dei: "Dei"를 대상의 2격genetivus objectivus으로 읽었다. 본문은 우리가 가지고 있는 신 관념이 사물로부터 만들어질 수 없다는 뜻이다.

100 (옮긴이주) 키르히만에 따르면, 스피노자는 아리스토텔레스의 네 가지 원인 가운데 오로지 작용 원인만을 인정하고 있다.

101 (옮긴이주) profluere: 이것을 3세기 그리스 철학자이자 신플라톤주의의 창시자인 플로티노스Plotinos의 '유출'과 비교하는 일은 대단히 유익하다.《플로티노스의 엔네아데스 선집》, 조규홍 옮김(누멘, 2009), 특히 "유출(하나에서 다수로)에 대하여", 173~174쪽.

102 (저자주) 이 공리가 전혀 필요치 않았기에 나는 이것을 공리에 포함시키지 않았다. 왜냐하면 이 공리는 이 정리를 증명하는 데에만 필요했고, 나아가 신의 실존을 알지 못하는 동안 나는 오로지 '나는 있다'라는 제1인식으로부터 연역할 수 있는 것만을 참된 것으로 간주하려 했기 때문이다—정리 4의 따름정리에서 말했다. 나아가 두려움과 악의의 정리는 정리에 넣지 않았다. 왜냐하면 그 정리를 모르는 사람이 없기도 하거니와, 이 정리만이 나에게 필요했기 때문이다.

103 (옮긴이주) 스피노자, 《에티카》 2부 정리 33 ; 데카르트, 《철학의 원리》 1부 29, 30항과 비교.

104 (옮긴이주) 여기까지를 이렇게 풀어 쓸 수 있겠다. 결여가 오류의 원인이라면, 태양의 '부재'나 시각의 '결여'도 일종의 오류이다. 해가 져서 어둠이 오게 하고, 시력이 없는 아이를 창조한 장본인은 바로 신이기 때문에, 이런 경우에 한해서 오류의 원인은 신이다. 그러나 신이 우리에게 유한한 지성을 주었다는 이유로 오류의 원인으로 간주되어서는 안 된다. 왜냐하면 우리의 지성은 올바른 의지 사용의 결여인 오류를 회피할 수 있기 때문이다. 다시 말해 우리는 오류 회피의 방법을 알고 있기 때문이다. 따라서 신은 이러한 오류의 원인이 아니다. 뒤로는 오류의 회피에 관한 내용이 이어진다.

105 (옮긴이주) 옮긴이 문단 나눔.

106 (옮긴이주) 데카르트의 두 텍스트에서 스피노자가 지시한 곳은 엄밀히 말해 이에 대한 증명이 아니다. 그러나 어쨌든 거기서 데카르트가 피력하고 있는, 오류와 의지에 관한 이론은 중요하다.

107 (옮긴이주) 또한 《에티카》 2부 정리 35의 주석, 3부 정리 2의 주석. 스피노자, 《스피노자 서간집》 서신 58 참조.

108 (옮긴이주) 《성찰》, 〈제4성찰〉 55 이하.

109 (옮긴이주) 이렇게 풀어 쓸 수 있겠다. 정신으로 하여금 헛갈리는 것에 동의하도록 '우리가 작용한다'는 것을 '우리가 알고 있고', 이런 동의로 인하여 우리가 최상의 자유를 잃는다는 것도 '우리는 알고 있다'. 따라서 이런 동의는 의식적인 활동, 즉 어떤 긍정적인 행위이며, 이것이 긍정적인 것인 한에서 불완전성이나 오류가 아니다.

110 (옮긴이주) 이렇게 풀어 쓸 수 있겠다. 인간의 관점에서 오류는 인간이 제게 주어진 권한을 스스로 빼앗기privare 때문에 결여privatio이다. 즉 신이 빼앗아갔다는 의미에서의 결여가 아니다. 신의 관점

에서는 오히려 더 완전한 지성을 줄 수도 있었지만, 그저 그것을 주지 않았음, 단지 주기를 거부했음negare이라는 의미에서 그저 부정negatio인 것이다. 만일 신이 빼앗아갔다고 말한다면, 그것은 신이 원으로부터 구의 성질을, 구면으로부터 원주의 성질을 빼앗았다고 말하는 것과 같다. 그러나 사실은 원은 그저 구가 아니고 구면은 그저 원주가 아닐 뿐이다. 다시 말해 신은 이것들에게 그런 성질을 주지 않았을 뿐이다.

111 (옮긴이주) 만일 신이 본질 전체에 의해 변화한다면, 그의 본질인 필연적 실존이 가능한 실존이나 불가능한 실존(아무것도 아닌 것 nihil)으로 변할 것인데, 이는 부조리하므로 신은 변하지 않는다는 뜻이다.

112 (저자주) 정리 14의 증명과 정리 15의 주석을 보라.

113 (옮긴이주) → affectio(← ad-facio)는 능동적 의미에서 뭔가에 영향을 주거나 입히는 일, 수동적 의미에서 몸이나 마음이 겪는 상태 변화를 뜻한다. 타키투스Tachitus, 플리니우스Plinius, 갈리카누스Gallicanus 등에 의해 경향성, 애호, 의지력, 의도 따위로 다양하게 쓰였고, 2세기 무렵 겔리우스Gellius가 온갖 종류의 수동성을 뜻하는, 그리스어 파토스pathos의 번역어로 사용했다고 전해진다.

114 (옮긴이주) 키르히만에 따르면, 여기서 존재자ens/das Seiende는 사물res/das Ding로 번역되어야 한다. 왜냐하면 스피노자는 이성의 존재자와 허구적 존재자를 존재자에 포함시키지 않았고, 또한 사물이 언제나 존재를 담고 있는 것은 아니기 때문이다. 키르히만은 특히 이성의 존재자를 "생각된 사물das Gedanken-Ding"로 옮겼다.

115 (저자주) 여기서 키메라는 본성상 명백한 모순을 포함하는 것을 뜻한다는 점에 주목하라. 이것은 3장에서 상세하게 다루어진다.

116 (옮긴이주) 이 세 양태에 관한 해명이 다음 단락부터 이어진다.

117 (옮긴이주) 스피노자, 《에티카》 2부 정리 17의 따름정리, 정리 18, 정리 40의 주석 1.

118 (옮긴이주) 온도, 속도, 밀도 등 연속적인 양에 대한 특정한 정도를 지정할 때 사용하는 '도'이다.

119 (옮긴이주) 스피노자, 《에티카》 1부 정리 15의 주석, 스피노자, 《스피노자 서간집》, 이근세 옮김(아카넷, 2008), 서신 29 참조.

120 (옮긴이주) depingere: 프라는 표상하다représenter로 옮겼다.

121 (옮긴이주) 스피노자, 《에티카》 2부 정리 49의 주석.

122 (옮긴이주) 스피노자, 《에티카》 2부 정리 26의 따름정리. 상상력에 관해서는 《에티카》 2부 정리 27의 주석, 정리 28, 29, 정리 40의 주석 2, 정리 49의 주석.

123 (옮긴이주) 시각 장애는 본디 보이지 '않음', 암흑은 밝지 '않음'이라는 부정적인 양태이나, 우리는 이것을 어떤 긍정적인 것, 즉 존재자로 상상한다는 뜻이다. 또한 《에티카》 1부 부록, 특히 마지막 단락 참조.

124 (옮긴이주) 스피노자, 《에티카》 2부 정리 40의 주석 1, 정리 48 및 주석, 정리 49의 주석, 〈편지〉 2번.

125 (옮긴이주) merum nihil: 혹은 순수한 무. 뒤집어 말하면, 이성적 존재자는 실존하는 무엇이다.

126 (옮긴이주) 앞의 "우리는 생각의 어떤 양태로써 사물을 간직하는지"를 상기할 것.

127 (옮긴이주) bonus aut malus: 윤리적 의미의 선악이 아니라 유용성-기능의 측면에서 잘잘못으로 읽었다.

128 (옮긴이주) 플라톤, 《정치가》, 김태경 옮김(한길사, 2000), 266e ; 디오게네스 라에르티오스, 《그리스철학자열전》, 전양범 옮김(동서출판사, 2008), 361쪽.

129 (옮긴이주) 앞의 기억 법칙과 해명의 양태를 염두에 두고 읽는다면, 이 논의의 중점은 플라톤의 정의가 함의하고 있는 내용이 옳은지 그른지가 아니라, 그가 앞에서 언급된 기억 법칙을 잘 또는 잘못 사용하고 있는지에 있다고 보이며, 따라서 스피노자는 그의 정의가 아니라 정의 '방식'이 정당하다고 주장하고 있다.

130 (옮긴이주)《철학의 원리》1부 59항.

131 (옮긴이주) 스피노자,《에티카》1부 정리 28.

132 (옮긴이주) 스피노자,《에티카》1부 정리 10, 14, 15, 2부 정리 7의 주석.

133 (옮긴이주) 1부 정리 7, 8.

134 (옮긴이주) 이것의 어원인 동사 duro는 본디 빵이나 고기, 얼굴(감정)이 단단하게 굳는 일을 뜻했고, 이로부터 참고 견디고 버틴다는 뜻으로 전이되어 시간적 지속성을 표현하게 되었다. 흥미로운 것은 '단단하다'를 표현하는 형용사(현대어에서도 예컨대 hart, hard, dur, duro 등)에는 언제나 '어렵다'는 뜻이 들어 있으니, 그 파생어인 지속성은 애초부터 신과 어울리지 않는다는 점이다.

135 (옮긴이주)《데카르트 철학의 원리》1부에서 지속성duratio을 용어로서 의식적으로 사용하고 있는 곳은 없다. 다만 정리 7의 주석 등에서 신이 창조한 것은 오로지 신에 의해 '지속적으로continuò' 보존된다는 식으로 자주 언급된다. (이어지는 본문에서 확인되는 바이지만) 만일 이런 대목들을 가리키는 것이라면, 지속성은 신에 속한 것이 아니라 신에 의해 창조, 보존되는 것들의 속성이다.

136 (옮긴이주) hi principium petunt: 아직 증명되지 않은 것을 원리로 요청해놓고 이로부터 결론을 도출하는 오류를 범했다는 뜻이다.

137 (옮긴이주) 시간은 예로부터 자식을 낳는 족족 잡아먹는 신, 크로노스Krhonos로 그려졌다. 다시 말해 시간은 생성과 소멸의 형식이다.

따라서 신이 지속한다는 말은 그 또한 이 형식에 구속되어 있으므로, 매 순간 자신의 실존을 창조해내어 그 안에서 힘겹게 버텨낸다는 것을 의미한다.

138 (옮긴이주) 스피노자,《에티카》1부 정리 15의 주석,〈편지〉29번.

139 (옮긴이주) 앞서 말한바 지속성은 사물의 본질이 아니라 그 실존의 변용과 일치할 뿐이다. 스피노자,《에티카》1부 정리 19의 주석, 정리 8의 주석 2.

140 (옮긴이주) 이렇게 풀어 쓸 수 있겠다. 사물의 본질, 예컨대 삼각형의 본질은 지속하는 것이 아니라 영원하다. 만일 지속적이라면 '세 각의 합은 두 직각과 같다'는 것은 어떤 특정 기간에만 지속하는 진리일 것이기 때문이다. 따라서 이런 진리가 아담보다 먼저 지속하고 있었다고 말하는 것은 부조리하다. 그러므로 신이 아담보다 먼저 지속하고 있었다고 말하는 것도 부조리하다. 신은 영원하고 사물은 지속될 뿐이다.

141 (옮긴이주) 스피노자,《에티카》1부 정리 19, 정리 33의 주석.

142 (옮긴이주) 스피노자,《에티카》2부 정리 30.

143 (옮긴이주)《데카르트 철학의 원리》1부 정리 12.

144 (옮긴이주) 스피노자,《에티카》1부 정리 24, 25.

145 (옮긴이주) 스피노자,《에티카》2부 정리 10.

146 (옮긴이주) 스피노자,《에티카》1부 정리 11, 정리 17의 주석.

147 (옮긴이주) 스피노자,《에티카》1부 정의 8.

148 (옮긴이주)《데카르트 철학의 원리》1부 정리 6.

149 (옮긴이주) 스피노자,《에티카》1부 정리 14,〈편지〉50번.

150 (옮긴이주)《데카르트 철학의 원리》1부 정리 9.

151 (옮긴이주) non sufficit: → sufficio(← sub-facio)는 본디 '밑에 놓기 poner debajo'라는 뜻으로 건물의 기초 공사나 바탕색 입히기를 표

현하다가 이로부터 근거 짓기, 설득력 있음, 충분함의 뜻으로 전이되었다.

152 (옮긴이주) 가능적 지성과 현실적 지성에 관해서는 《에티카》 1부 정리 17의 주석, 정리 31의 주석을 참조.

153 (저자주) 이로부터 명백히 귀결되는바, 신의 지성과 의지는 동일하다. 신은 지성으로써 피조물을 인식하고, 자신의 의지와 능력으로써 그것을 규정한다. (옮긴이주) 데카르트, 《철학의 원리》 1부 22, 23항 ; 스피노자, 《에티카》 1부 정리 17의 주석, 정리 26 ; 《신학-정치론》, 4.

154 (옮긴이주) 스피노자, 《에티카》 1부 정리 15.

155 (옮긴이주) 고대 그리스 철학자 아낙사고라스Anaxagoras의 '정신nous'을 떠올릴 것. 그는 세계가 태고에 빈 공간chaos 상태였으나 정신이 여기에 질서kosmos를 부여했다고 주장했다. 이는 세계의 내적 근거가 물질이 아니라 정신에 속한다는 표현으로서, 후대 철학사에 큰 영향을 미쳤다.

156 (옮긴이주) 아리스토텔레스Aristoteles의 '질료hyle'와 '형상eidos'을 떠올릴 것. 모든 실체ousia가 질료와 형상으로 이루어져 있다는 그의 질료-형상 이론은 17세기에 이르기까지 유럽의 형이상학과 자연철학을 지배했다.

157 (옮긴이주) ex circumstantiis: 직역하면 "주변의 것들로부터"이며, 여기서는 바투샤트의 번역을 따랐다.

158 (옮긴이주) 스피노자, 《에티카》 1부 부록, 4부 머리말, 〈편지〉 32번.

159 (옮긴이주) 〈형이상학적 사유〉 1부 1장.

160 (옮긴이주) 스피노자, 《에티카》 2부 정리 11의 따름정리, 정리 9, 12.

161 (옮긴이주) 스피노자, 《에티카》 2부 정리 15의 주석.

162 (옮긴이주) 간단히 말해서, 신이 영원의 세계에 속한 것들을 개별자로서 인식하지만, 생성/소멸의 세계에 속해 있는 것들은 개별자로서가 아니라 그것의 종, 형상, 즉 보편자로서 인식한다는 주장이다.

163 (옮긴이주) 《에티카》(2부 정리 40의 주석 1, 2)에 따르면 보편자는 둘로 나뉜다. 하나는 우리가 산출한 일반 관념notio universalis이고, 다른 하나는 신이 무한한 방식으로 산출한, 존재론적 의미의 공통 관념notio communis이다.

164 (옮긴이주) 스피노자, 《에티카》 2부 정리 3, 4.

165 (옮긴이주) 신의 전지함은 개별적 지식scientia의 전체 집합이라는 뜻에서의 전지omni-scientia가 아니다.

166 (옮긴이주) 《에티카》 1부 정리 33에서는 다른 세계나 다른 질서의 가능성을 전적으로 부정하고 있다.

167 (옮긴이주) Dei decreta & volitiones: 직역하면 '신의 창조 섭리와 의지 결정'이나 여기서는 두 가지를 함축하여 '신의 뜻'으로 옮겼다.

168 (옮긴이주) 〈형이상학적 사유〉 2부 3장.

169 (옮긴이주) 스피노자, 《에티카》 1부 정리 29의 주석, 2부 보조정리 7의 주석.

170 (옮긴이주) 스피노자, 《에티카》 1부 정리 10의 주석, 정리 17의 주석, 정리 33의 주석.

171 (옮긴이주) 스피노자, 《에티카》 1부 정리 10, 정리 12의 주석, 정리 33의 주석 2.

172 (옮긴이주) '실재적 구분'이 아니라 '이성에 의한 구분'이라는 뜻이다.

173 (옮긴이주) 스피노자, 《에티카》 5부 정리 17의 따름정리 ; 〈편지〉 25, 32, 36번.

174 (옮긴이주) 각각 〈로마서〉 9장 11~2절, 18~21절.

175 (옮긴이주) 에덴에 살던 아담과 독사에 얽힌 이야기로 보인다.

176 (옮긴이주) 〈편지〉 29, 32, 36, 62번.

177 (옮긴이주) 〈편지〉 32, 34번 ; 《신학-정치론》, 15.

178 (옮긴이주) 스피노자, 《에티카》 1부 정리 5, 정리 14의 따름정리, 또한 정리 8, 10, 9, 13, 2부 정리 7의 주석.

179 (옮긴이주) 스피노자, 《에티카》 2부 정리 41.

180 (옮긴이주) 스피노자, 《에티카》 2부 정리 11, 13, 3부 정리 3.

181 (옮긴이주) ex traduce esse: → tradux(← trans-duco)는 본디 서로 얽히고설켜 있는 '포도 덩굴'을 뜻했고 그러한 행위를 하는 '거간꾼, 매개자intermediario'도 뜻했다. 여기서는 하나의 실체로부터 여러 양태가 덩굴을 치듯 무성해진다는 뜻으로 읽었고, 바투샤트(Fortpflanzung)를 따라 번성으로 옮겼다. 이는 다분히 생물학적 발생의 뜻을 지닌다. 프라는 intermédiaire로 옮겼다.

182 (옮긴이주) 스피노자, 《에티카》 2부 정리 1, 정리 11의 따름정리, 정리 43의 주석, 5부 정리 40의 주석.

183 (옮긴이주) 스피노자, 《에티카》 3부 정리 39의 주석.

184 (옮긴이주) 스피노자, 《에티카》 1부 정리 15의 주석.

185 (옮긴이주) 스피노자, 《에티카》 1부 정리 33과 비교.

186 (옮긴이주) 이 책에는 이러한 증명이 없다. 키르히만에 따르면, 스피노자는 《신과 인간과 그의 행복에 관한 소고*Korte Verhandelung van God, de Mensch en des zelfs Welstand*》(1662)에서 했던 증명과 헛갈리고 있다. 또한 《에티카》 1부 정리 6, 7과 비교.

187 (옮긴이주) 스피노자, 《에티카》 1부 정리 9, 3부 정리 4, 정리 11의 주석, 5부 정리 21, 22, 23, 40의 따름정리.

188 (옮긴이주) Deum non contra, sed supra naturam agere.

189 (옮긴이주) ut, id, quod vident, & sentiunt, non videant, neque

sentiant: 직역하면, 그들이 보고 느끼는 바를 보지도 느끼지도 않기 위해.

190 (옮긴이주) 스피노자, 《에티카》 2부 정리 48의 주석.

191 (옮긴이주) 스피노자, 《에티카》 2부 정리 49의 주석, 정리 19, 23, 26.

192 (옮긴이주) 스피노자, 《에티카》 2부 정리 49.

193 (옮긴이주) 그러나 인간은 당나귀가 아니라 생각하는 존재이기에 자유 의지를 가지고 있으며 따라서 어느 한쪽을 선택하여 죽지 않을 것이라는 뜻이다. 흥미로운 점은, 같은 예가 《에티카》(2부 정리 49의 주석)에서는 의지의 자유를 부정하는 데에 쓰인다는 것이다.

194 (옮긴이주) 스피노자, 《에티카》 1부 정리 31, 32, 2부 정리 48, 3부 정리 2의 주석, 〈편지〉 62번.

195 (옮긴이주) 스피노자, 《에티카》 2부 정리 48의 주석, 3부 정리 9의 주석, 정의 1, 부록.

196 (옮긴이주) 본문에서 이어지는 두 논증은 레이던 대학의 철학 교수였던 헤르보르트Adriaan Heereboord의 《철학 연습*Meletamata philosophica*》(1654/1655)에서 가져온 것으로서, 같은 대학의 철학 교수이자 《형이상학 강요*Institutiones metaphysicarum*》(1640)의 저자인 뷔르헤르스데이크Franco Burgersdijk의 학풍을 잇고 있다. 헤르보르트는 레이던 최초의 데카르트주의자였으며, 아리스토텔레스와 '새로운' 철학을 융합하려 했던 이른바 '신고전철학philosophia novantiqua'의 주창자 가운데 한 사람이다.

197 (옮긴이주) 물론 아리스토텔레스를 가리킨다. 아리스토텔레스, 《수사학》, 이종오 옮김(리젬, 2007), 1369a. 또한 《영혼에 관하여》, 유원기 옮김(궁리, 2001), 433a~b.

198 (옮긴이주) 스피노자, 《에티카》 2부 정리 49의 주석.

199 (옮긴이주) 《에티카》에서는 반대 의견을 개진한다. 2부 정리 11의 주석.

200 (옮긴이주) mortalium: → mortalis는 본디 죽음에 예속되어 있는 상태를 뜻했고, 오비디우스Ovidius와 키케로는 '사람'을 대신하는 표현으로 사용했다. 특히 카토Cato와 바로Varro는 복수로 사용하여 인간, 인류를 표현했다.

201 (옮긴이주) 옮긴이 문단 나눔.

202 (옮긴이주) 스피노자, 《에티카》 2부 정리 49의 따름정리.

203 (옮긴이주) 앞의 논증은 의지의 긍정(하고자 함)만을 옹호했다. 그러나 부정(하고자 하지 않음)도 그에 못지않게 혹은 그 이상으로 규정되어 있으니, 부정에 대한 원인도 찾아야 한다는 뜻으로 보인다.

204 (옮긴이주) ratione distinguitur: 바투샤트는 "우리가 고찰한다는 관점에서unter dem Gesichtspunkt unserer Betrachtung 구분된다"고 번역했다. 여기서 스피노자는 데카르트의 '이성에 의한 구분distinctum ratione'을 따르고 있다. 이성에 의한 구분은 어떤 실체와 그 속성 사이, 또는 한 실체의 두 속성 사이의 구분으로서, 실재적으로는 구분되지 않으나 우리가 이것들을 고찰하고 논증하기 위해 구분해 놓는 것을 일컫는다. 예컨대 다음을 보라. "한 실체가 지속을 멈추면 존재를 멈추는 것이기 때문에, 그 실체는 단지 이성에 의해서만 자신의 지속과 구분될 뿐이다." 《철학의 원리》 1부 62항.

205 원문에는 "소요학파Peripatetici"라 되어 있다. 이어지는 "제1질료"는 세계가 무엇으로부터 시작되었는지 설명하기 위해 아리스토텔레스가 제시했던 네 가지 원인 가운데 하나이다.

206 (옮긴이주) 스피노자, 《에티카》 2부 정리 49의 주해.

207 (옮긴이주) 스피노자, 《에티카》 2부 정리 7의 주석, 정리 14의 따름정리.

208 이 바통을 넘겨받은 마지막 주자는 사실상 헤겔이다. 헤겔의 신 존재 증명에 관해서는 G. W. F. Hegel, 《신의 현존 증명에 관한 강의 *Vorlesungen über die Beweise vom Dasein Gottes*》(Hamburg: Meiner, 1966)를 참조.

209 예컨대 토마스 아퀴나스Thomas Aquinas는 《신학대전*Summa Theologiae*》이나 《대이교도 대전*Summa Contra Gentiles*》에서 기독교에 대한 이교도들의 반론을 집대성해 조목조목 논박한다.

210 갈릴레이Galileo Galilei가 코페르니쿠스Nicolaus Copernicus의 태양 중심설을 관찰을 통해 확증해가는 과정은 다음에서 확인할 수 있다. 갈릴레오 갈릴레이, 《시데레우스 눈치우스》, 장헌영 옮김(승산, 2004).

211 이 높낮이에 관한 근대적 해명은 본문의 주를 통해 반복적으로 암시되었다.

212 새로운 우주론과 무신론에 대한 로마 가톨릭교회의 알레르기성 질환은 중세 말에서 근대로 올수록 더욱 위중해진다. 예컨대 15세기 독일 출신의 추기경으로서 철학, 법률, 수학, 천문학은 물론 코란에도 능통했던 쿠자누스Nicolaus Cusanus는 16세기 이탈리아 르네상스 철학자 브루노Giordano Bruno에 못지않은 급진적 우주론을 주장했지만, 마녀 사냥을 당한 것은 오히려 한 세기 뒤의 브루노이다. 17세기는 브루노의 화형으로 막을 열었다. 데카르트는 이 일이 있기 불과 4년 전인 1596년에 태어났으며 37세 때는 갈릴레이가 교회의 탄압에 못 이겨 자신의 이론을 옹알이로 변호했던 유명한 사건이 일어난다.

213 블레즈 파스칼, 《팡세》, 김형길 옮김(서울대학교출판부, 1996), 셀리에Sellier 판, 233항.

214 이 주제에 관한 더욱 심도 있는 논의는 졸고 〈스피노자의 《데카르트

철학원리》(1663) 연구 (1): 〈서론〉에서 '신 증명'과 '순환논증'의 문제〉를 참조하기 바란다.

215 예컨대 E. 커리, 《데카르트와 회의주의》, 문성학 옮김(고려원, 1993).

216 데카르트, 〈자연의 빛에 의한 진리 탐구〉, 515. 《성찰》, 이현복 옮김(문예출판사, 1996)에 수록.

217 이 의심의 과정에 관해서는 스피노자의 요약을 참고하기 바란다. 이 책 13~17쪽(본문 옆 겝하르트 판 원문 141~143쪽).

218 이 책 18쪽(원문 143쪽).

219 코기토 명제의 발견 과정을 글쓴이가 재구성한 것이다.

220 중세에는 인식과 존재가 신 안에서 일치했다.

221 데카르트, 《성찰》, 〈제3성찰〉, 40~41 ; 《철학의 원리》 1부 17항.

222 지금 논점은 신 존재 증명에 맞추어져 있으므로, 사물의 본성을 연역하는 이 과정에 관해서는 다음을 통해 보충하기 바란다. 데카르트, 《성찰》, 〈제3성찰〉, 44~5 ; 《철학의 원리》 1부 54, 55항.

223 이른바 첫 번째 인과론적 증명이다. 데카르트, 《성찰》, 〈제3성찰〉, 45.

224 두 번째 인과론적 증명. 데카르트, 《성찰》, 〈제3성찰〉, 48~50.

225 존재론적 증명. 데카르트, 《성찰》, 〈제5성찰〉, 63~69. 이현복은 앞의 세 가지 증명을 다음 두 논문에서 간결하게 설명하고 있다. 〈데카르트의 제일철학에 있어 신의 전능성〉, 《철학》, 제44집(한국철학회, 1995) ; 〈데카르트: 형이상학적 성찰과 이념〉, 《인문논총》 제27호(한양대학교 인문과학대학, 1997).

226 의심의 방법에 의한 확실성의 등급은 다음과 같이 분류되며 최고 등급에는 오로지 코기토만 있을 뿐이다.

- 언제나 의심스러운 것: 감각 내용
- 한 번이라도 의심할 수 있는 것: 감각적 지식, 수학과 자연과학의

대상, 신

• 결코 의심할 수 없는 것: 내가 생각하는 동안 실존한다는 것

227 Aristoteles, *Zweite Analytik*, übers. von E. Rolfes, *Philosophische Schriften* (Hamburg: Meiner, 1995), Bd. 1, 71b~72a.

228 토마스 아퀴나스,《신학대전》 제1권, 정의채 옮김(바오로딸출판사, 2002), 제2문제, 1절.

229 이 후험적 증명 방식으로부터 저 유명한 "다섯 가지 길"이 제시된다. 이에 따르면, 신의 존재는 부분적 운동/변화로부터, 작용 원인으로부터, 가능과 필연으로부터, 등급으로부터, 사물의 통치(목적 원인)로부터 증명될 수 있다. 토마스 아퀴나스,《신학대전》, 제2문제, 3절 참조.

230 데카르트,《성찰》,〈독자를 위한 서언〉, 8.

231 이 검토와 개조 과정에 관해서는 다음을 참조할 것. 졸고 〈스피노자의《데카르트 철학원리》(1663) 연구 (1)〉, 2), "(1) 아퀴나스와 데카르트의 신 증명".

232 르네 데카르트,《〈성찰〉에 대한 학자들의 반론과 데카르트의 답변》 1권, 원석영 옮김(나남, 2012), 40쪽. AT VII, 106~107.

233 데카르트는 이러한 실재적 구분과 이성적 구분을 수아레스에게 배웠다. 이것에 관해서는 다음을 참조할 것. 졸고 〈스피노자의《데카르트 철학원리》(1663) 연구 (1)〉, 2), "(2) 수아레스의 실재적 구분과 존재론적 증명".

234 Walter Schulz, *Der Gott der Neuzeitlichen Metaphysik*(Pfullingen: Neske, 1957), 47쪽.

235 이 책 23쪽(원문 146쪽) 이하.

236 데카르트,《철학의 원리》 1부 13항 ;《성찰》,〈제5성찰〉 마지막 부분 등.

237 원제는 《지성을 교정하고 지성이 사물을 참되게 인식하도록 이끄는 최적의 길에 대한 논고*Tractatus de Intellectus Emendatione, Et de viâ; quâ optimè in veram rerum cognitionem dirigitur*》이며 겝하르트Carl Gebhardt가 편집한 《스피노자 전집*Spinoza Opera*》(Heidelberg: Winter, 1972) 제2권에 수록되어 있다. 인용은 이 전집의 쪽수를 따르고 한글 번역은 원칙적으로 다음을 따른다. 베네딕투스 데 스피노자, 《지성교정론》, 김은주 옮김(길, 2020).

238 1666년 7월 10일 포르뷔르흐에서 보낸 편지. 《스피노자 서간집》 서신 37.

239 데카르트, 《성찰》, 〈제1성찰〉, 22.

240 스피노자, 《지성교정론》, 30쪽.

241 스피노자, 《지성교정론》, 38쪽.

242 스피노자, 《지성교정론》, 14, 28, 38쪽 등.

243 프랜시스 베이컨, 《신기관》, 진석용 옮김(한길사, 2001), 〈머리말〉. 그 밖에도 제1권 11, 12, 13, 15, 20, 82항 등.

244 프랜시스 베이컨, 《신기관》, 제1권 2항.

245 좀 다른 관점이긴 하지만, 앞서 보았듯이 데카르트 또한 정신의 무능력을 통감하고 있다.

246 'to make'와 'to form'에 관해서는 《지성교정론》에 관한 탁월한 주석서인 Harold Joachim, *Spinoza's Tractatus de Intellectus Emendatione: A Commentar*(Oxford: The Oxford University Press, 1940), §11 이하를 참조.

247 스피노자, 《지성교정론》, 27쪽.

248 Harold Joachim, *Spinoza's Tractatus de Intellectus Emendatione: A Commentar*, 54. 물론 이런 모델은 데카르트가 사물의 관념을 자신으로부터 연역하면서 사용했던 방식이다. 그러나 그가 이 방식을 신의 관념에는

적용하지 못했기 때문에, 그의 방법은 아직 자기 완결적 구조가 아니었다.

249 스피노자는 《지성교정론》에서 관념의 형성 문제를 대단히 복잡하게, 때로는 궤변처럼 보일 만큼 난해하게 기술하고 있다. 그러나 이 해제에서 이를 일일이 소개, 해명하는 일은 적절하지 않은 듯하다. 중요한 것은 스피노자가 관념의 모든 외적 원인을 거부함으로써 데카르트의 순환 논증을 해결하려 했다는 점이다.

250 스피노자,《지성교정론》, 14쪽.

251 "관념의 질서와 결합은 사물의 질서와 결합과 동일하다." 스피노자, 《에티카》 2부 정리 7.

252 아리스토텔레스, 《형이상학》, 김진성 옮김(이제이북스, 2007), 1074b.

253 스피노자,《지성교정론》, 16쪽.

254 아리스토텔레스,《형이상학》, 1003a.

255 이 책 117쪽(원문 280쪽).

더 읽어야 할 자료들

여기서는 이 책과 나란히 놓고 읽을 때 색다른 재미를 불러일으킬 만한 몇 가지 주제들을 관련 자료와 함께 소개하고자 한다. 이외에도 플라톤, 플로티누스를 비롯해 피히테, 셸링, 헤겔, 나아가 현대 철학까지 이어지는 수많은 길들이 우리에게 열려 있다. 이 책을 통해서 데카르트와 스피노자를 현재에 두고 과거와 미래로 철학 여행을 떠날 수 있다면 이 책의 저자도 더 이상 바랄 것이 없을 것이다.

이 책의 〈더 읽어야 할 자료들〉은 '고전의 세계' 시리즈의 기존 방식과 다소 다르게 구성할 수밖에 없었다. 이 책이 이번에 처음으로 국내에 번역되었을 뿐 아니라 이 책을 텍스트로 삼은 국내 연구 논문도 단 하나밖에 없기 때문에 ―이것은 〈해제〉에서 소개했다 ―마땅히 소개할 자료가 없다는 것이 변명이라면 변명이다. 또한 스피노자의 사상 일반에 관한 자료들은 같은 시리즈로 앞서 출간된 《에티카》와 《신학-정치론》에 이미 충분히 소개되어 있다. 이 점에 대해 독자들의 양해를 구한다.

1. 데카르트와 스피노자―판단과 의지

스피노자는 모든 자유를 필연으로 해석함으로써 데카르트 식의 자유 의지를 부정한 것으로 널리 알려져 있다. 그러나 이것은 어디까지나 《에티카》의 입장이다.

데카르트는 〈제4성찰〉에서 참과 거짓을 가리는 이론적 판단을 의지에 귀속시킴으로써 지성의 무능력과 의지의 무한성을 입증하고, 판단과 의지의 일치를 방법적 회의의 인식론적 근거로 삼았다. 이 이론은 〈제4성찰〉에서 처음 등장한 이후 당대의 학자들로부터 끊임없이 비난받았지만, 데카르트는 만년이 되어서도 이 뜻을 굽히지 않았다.

스피노자는《데카르트 철학의 원리》를 저술하면서, 앞의 해제에서 보았듯이 '신 증명'에 관한 한 자신의 관점을 숨기지 않았지만, 판단과 의지의 문제에 관해서는 여전히 데카르트의 입장을 따르고 있다. 이 책이 출판된 때는 스피노자가《지성교정론》의 집필을 중단하고《에티카》의 원고를 상당 부분 완성했을 때이다. 그런데《에티카》에서는 이른바 '의지와 지성의 동일성'을 주장하면서《데카르트 철학의 원리》와는 정반대의 주장을 개진하고 있다 —— 예컨대 '뷔리당의 당나귀' 일화는《데카르트 철학의 원리》에서는 의지의 자유를 긍정하는 데에,《에티카》에서는 부정하는 데에 쓰이고 있다. 이 사이에 스피노자에게 무슨 일이 있었는지에 대해서는 아직 이렇다 알려진 것이 없다. 주제와 관련해 비교할 만한 대목들은 다음과 같다.

르네 데카르트,《성찰》,〈제4성찰〉

———,《철학의 원리》1부 29~39항

베네딕투스 데 스피노자,《데카르트 철학의 원리》1부 정리 15 ;〈형이상학적 사유〉2부 12장

———,《에티카》2부 정리 49, 1부 정리 32와 정리 26

참고문헌

문장수, 〈데카르트에 있어서 제일 철학의 가능 근거: 의지의 무한성〉,《철학연구》제62호(대한철학회, 1997)

양선숙, 〈데카르트의 성찰 4에 나타난 판단능력으로서의 의지〉, 《철학》 제25집(한국철학회, 1997)
양진호, 〈방법적 회의는 어떻게 가능한가: 데카르트의 판단-의지 이론에 관한 연구〉, 《칸트연구》 제18집(한국칸트학회, 2006)
조현진, "2. (2) 우리는 아는 만큼 긍정하고 긍정하는 만큼 안다—데카르트의 의지론 비판", 스피노자, 《에티카》, 조현진 옮김(책세상, 2006)

2. 데카르트와 스피노자—철학 교육과 글쓰기

이 주제는 다소 실험적이기는 하나, 앞의 것보다 한층 더 흥미롭다. 데카르트는 철학적 글쓰기에 관한 뚜렷한 방법론을 가지고 있었다. 하나는 발견 순서에 따라 차근차근 인식 수위를 높여가면서 저자가 어떻게 자신의 제일원리에 도달했는지 친절하게 알려주는 분석적 글쓰기이다. 만일 독자가 참을성 있게 이 길을 되밟으면 저자가 발견한 것을 남김없이 제 것으로 삼을 수 있다. 그만큼 분석은 탁월한 교육 방법이다. 다른 하나는 분석과는 반대로 원리에서 결과로 내려가면서, 정의, 요청, 공리, 정리의 긴 계열을 사용하는 종합적 글쓰기이다. 이것은 논쟁적이고 고집이 센 독자가 이 계열 가운데 어떤 결론을 부정했을 때 곧바로 그것의 전제들을 제시함으로써 결론에 동의할 수밖에 없게 만드는 방식으로, 고대 기하학자들이 자신들의 비밀스런 가르침을 전수할 때 사용했던 방법이기도 하다. 데카르트의 경우 《성찰》이 분석을 따르고 있다면, 〈기하학적 논증〉과 《철학의 원리》는 종합을 따르고 있다(여기까지 옮긴이주 8을 참조). 두 방법의 특성에 따라 데카르트는 《철학의 원리》 프랑스어판 서문에서, 《방법서설》과 《성찰》을 통해 독자가 충분히 자신의 정신을 훈련한 뒤에 《철학의 원리》를 읽도록 권유하고 있다.
스피노자의 경우, 《지성교정론》은 분석적 글쓰기에, 《데카르트 철학의 원리》와 《에티카》는 종합적 글쓰기에 해당된다. 그런데 《데카르트 철학의 원리》는 스피노자가 직접 철학 교육에 사용한 교재였음에도 불구하고, 데카르트가 가장 교육적인 방법이라고 말한 분석에 따라 기술되지 않았다. 오히려 '스피노자 서클'의 일원이자 이 책에 〈서문praefetio〉을 쓴 메이어르Lodewijk Mijer는 바로 이 종합적-수학적 방법이 "진리를 발견하고 가르치는 가장 확실한 방법"이라고 말하고 있다. 그런데 이 불일치는 단순한 오해라기보다는 데카르트와 스피노자의 상이한 교육관에서 비롯된 것이며, 이렇게 된 까닭은 경험심리학적으로 탐구될 필요가 있다.

데카르트는 평생을 두 종교 전쟁, 즉 위그노 전쟁과 30년 전쟁 속에서 살아야 했고, 그 공포와 비참을 바라보며 종교적 광기가 지배하는 세계를 이성에 기초한 보편 학문 위에 다시 세우겠노라 결심했다. 그는 자신의 새로운 사상을 알리기 위해 분석의 방법으로《성찰》을 집필했고, 이를 바탕으로 각양각층의 사람들과 수많은 학술적 서신을 교환했다. 또한 그의 철학이 널리 알려지고 난 뒤로는, 종합적 글쓰기를 통해《철학의 원리》라는 교과서를 집필하기도 했다.

80년간의 독립 투쟁이 30년 전쟁의 종전과 함께 성공을 거두면서 네덜란드에는 이른바 '황금시대'가 열렸으나, 스피노자한테만은 예외였다. 이 무렵 스피노자는 유대인들로부터는 반유대교적이라는 이유로 파문을 당했고, 기독교도들로부터는 신, 구파를 막론하고 무신론자라는 이유로 탄압을 받았으며, 이 와중에 광신도의 칼에 습격을 당하기도 했다. 이러한 신학-정치적 탄압에 저항하기 위해 그는 레인스뷔르흐, 포르뷔르흐, 레이든 등지에 은둔해, 암스테르담에서 그를 지지했던 '스피노자 서클'과 함께 지하 활동에 들어간다. 발리바르의 표현에 따르면, 스피노자는 민족 해방 투쟁의 후계자이자 시민적 자유와 양심의 자유, 지식인의 자율성을 옹호한 투사였다.《에티카》를 비롯한 많은 원고들이 이 서클에 서신으로 전달되었으며, 그 안에서 학습되었다. 그가 종합을 가장 교육적인 방식이라고 생각했던 것은 앞서 언급한 옛 기하학자들의 비밀스런 전달 방식에서 얻은 아이디어일 것이다.

평생 동안 신학정치 또는 정치신학으로부터 받은 상처를 떠안고 철학을 했다는 공통점에도 불구하고, 데카르트와 스피노자의 글쓰기 방식이나 교육관은 아주 대조적이다. 한 사람은 '대외적-공개적-불특정 다수를 위한exoterika' 방식을, 다른 한 사람은 '대내적-비공개적-특정한 소수를 위한esoterika' 방식을 추구했다. 이러한 비교 작업은 단지 이 두 사람의 경우에 국한되는 것이 아니며, 글을 쓰는 사람은 물론 읽는 사람에게도 유용하다.

"우상의 잔치는 아직 끝나지 않았다." 400년 전의 프랜시스 베이컨이 마크 릴라의 입을 빌려 이렇게 외치는 지금, 우리 시대의 철학하기, 철학적 글쓰기, 철학 교육이란 무엇인지, 나아가 무엇이 되어야 하는지에 천착하는 일은 매우 중요한 작업이다.

참고문헌

르네 데카르트, 〈대답 2〉, 《성찰》(옮긴이주 8 참조)

———, 〈프랑스어판 서문〉, 《철학의 원리》, 원석용 옮김(아카넷, 2002)

베네딕투스 데 스피노자, 《데카르트 철학의 원리》

———, 《신학-정치론》, 김호경 옮김(책세상, 2018)

———, 《정치론》, 공진성 옮김(길, 2020)

마크 릴라, 《사산된 신》, 마리 오 옮김(바다, 2009)

에티엔 발리바르, 《스피노자와 정치》, 진태원 옮김(이제이북스, 2005)

이강서, 〈exoterika와 esoterika: 희랍철학의 두 통로〉, 《범한철학》, 제24권(범한철학회, 2001)

질 들뢰즈, 《스피노자의 철학》, 박기순 옮김(민음사, 2002)

3. 스피노자와 칸트—관념의 형성과 순수 개념

칸트가 스피노자의 어떤 저작을 직접 읽었는지는 잘 알려져 있지 않지만, 라이프니츠와 볼프를 통해서든 야코비와 멘델스존을 통해서든 그의 사상을 알고 있었다는 점만은 틀림없다. 단지 알고 있었을 뿐 아니라 깊은 영향을 받은 것으로 추정되는 몇 가지 증거가 있는데, 그중 하나가 스피노자의 형성 개념이다.

스피노자의 방법 즉 관념의 형성은 칸트의 교수 취임 논문인《감성계와 지성계의 형식과 원리들*De mundi sensibilis atque intelligibilis forma et principiis*》(1770)에서 '순수 개념'의 형성에 이바지한다. 이 순수 개념은 '획득된 개념'이라는 의미에서 합리주의의 '타고난 관념'과는 구분되며, 순수하다는 의미에서 경험주의의 추상 관념과도 구분된다. 여기서 획득되었다는 말은 지성이 순수 개념을 획득했으되, 외적 경험으로부터가 아니라, 경험을 기회로 자신의 활동에 주목하는 내적 경험으로부터 획득했다는 뜻이다. 칸트의《발견*Über eine Entdeckung*…》(1790)에 따르면 이것은 "근원적으로 획득된 표상"이다. 순수 개념의 원천은 지성 자체이며, 그것은 지성 자체의 반성 활동을 통해 얻어진다. 이 획득된 순수 개념은 뒷날《순수 이성 비판*Kritik der reinen Vernunft*》([1]1781, [2]1787)에서 지성의 순수 개념 즉 범주로 발전한다.

이러한 개념의 발전사에서 우리는 스피노자의 형성 개념을 원초적 모델로서 재발견한다. 데카르트에서 시작하는 합리주의의 역사는 이러한 스피노자의 공헌에 힘입어 칸트와 독일 관념론을 향해 성큼 한 걸음을 내딛게 된다.

참고문헌

이마누엘 칸트,《감성계와 지성계의 형식과 원리들》, 최소인 옮김(이제

이북스, 2007)
———, 《순수 이성 비판》, 최재희 옮김(박영사, 2019)
———, 《형이상학의 진보. 발견》, 최소인 옮김(이제이북스, 2009)

옮긴이에 대하여

양진호 zino.yang@gmail.com

청소년과 시민을 위한 인문학 교육을 연구·실행하는 '인문학교육연구소'(www.paideia.re.kr)의 소장직을 맡고 있다. '교육공간 오름' 등에서 청소년들과 인문학 공부를 함께 하고, 대학에도 출강하면서 고전 번역 작업을 병행하고 있다.

철학 공부를 하는 중 민예총 문예아카데미의 간사, 팀장으로 활동했고, '학교 밖 청소년과 함께 하는 인문학 교실'(학벌없는사회, 경희대 공동주관)에 연구원으로 참여했으며, 독일로 연구 여행을 다녀오기도 했다.

주된 관심사는 중세 말과 르네상스 시기의 철학적 문제의식이 어떻게 근대의 합리주의자들에게 이어졌는지를 추적하는 것이며, 이런 생각들의 단초들을 고대 헬라스인들 사이에서 발견하기를 즐긴다. 최근에는 서양미술사에 깊은 관심을 가지고 있다.

슈테판 츠바이크와 지그문트 프로이트의 《프로이트를 위하여》, 르네 데카르트의 《성찰》을 번역했고 〈스피노자의 《데카르트 철학원리》(1663) 연구(1)—〈서론〉에서 '신 증명'과 '순환논증'의 문제〉, 〈방법적 회의는 어떻게 가능한가—데카르트의 판단-의지 이론에 관한 연구〉, 〈칸트의 이론철학과 형이상학의 문제—개념의 분석론에 대한 존재론적 해석의 시도〉 등의 논문을 발표했다.

데카르트 철학의 원리

초판 1쇄 발행 2010년 1월 10일
개정 1판 1쇄 발행 2020년 6월 19일
개정 1판 2쇄 발행 2020년 12월 18일

지은이 베네딕투스 데 스피노자
옮긴이 양진호

펴낸이 김현태
펴낸곳 책세상
등록 1975. 5. 21. 제1-517호
주소 서울시 마포구 잔다리로 62-1, 3층(04031)
전화 02-704-1250(영업) 02-3273-1334(편집)
팩스 02-719-1258
이메일 editor@chaeksesang.com
광고·제휴 문의 creator@chaeksesang.com
홈페이지 chaeksesang.com
페이스북 /chaeksesang **트위터** @chaeksesang
인스타그램 @chaeksesang **네이버포스트** bkworldpub

ISBN 979-11-5931-507-7 04080
979-11-5931-221-2 (세트)

이 도서의 국립중앙도서관 출판예정도서목록(CIP)은 서지정보유통지원시스템 홈페이지(http://seoji.nl.go.kr)와 국가자료종합목록 구축시스템(http://kolis-net.nl.go.kr)에서 이용하실 수 있습니다.(CIP제어번호: CIP2020022397)

책세상문고 · 고전의 세계

- **민족이란 무엇인가** 에르네스트 르낭 | 신행선
- **학자의 사명에 관한 몇 차례의 강의** 요한 G. 피히테 | 서정혁
- **인간 정신의 진보에 관한 역사적 개요** 마르퀴 드 콩도르세 | 장세룡
- **순수이성 비판 서문** 이마누엘 칸트 | 김석수
- **사회 개혁이냐 혁명이냐** 로자 룩셈부르크 | 김경미 · 송병헌
- **조국이 위험에 처하다 외** 앙리 브리사크 · 장 알만 외 | 서이자
- **혁명 시대의 역사 서문 외** 야콥 부르크하르트 | 최성철
- **논리학 서론 · 철학백과 서론** G. W. F. 헤겔 | 김소영
- **피렌체 찬가** 레오나르도 브루니 | 임병철
- **인문학의 구조 내에서 상징형식 개념 외** 에른스트 카시러 | 오향미
- **인류의 역사철학에 대한 이념** J. G. 헤르더 | 강성호
- **조형예술과 자연의 관계** F. W. J. 셸링 | 심철민
- **사회주의란 무엇인가 외** 에두아르트 베른슈타인 | 송병헌
- **행정의 공개성과 정치 지도자 선출 외** 막스 베버 | 이남석
- **전 세계적 자본주의인가 지역적 계획경제인가 외** 칼 폴라니 | 홍기빈
- **순자** 순황 | 장현근
- **언어 기원에 관한 시론** 장 자크 루소 | 주경복 · 고봉만
- **신학-정치론** 베네딕투스 데 스피노자 | 김호경
- **성무애락론** 혜강 | 한흥섭
- **맹자** 맹가 | 안외순
- **공산당선언** 카를 마르크스 · 프리드리히 엥겔스 | 이진우
- **도덕 형이상학을 위한 기초 놓기** 이마누엘 칸트 | 이원봉
- **정몽** 장재 | 장윤수
- **체험 · 표현 · 이해** 빌헬름 딜타이 | 이한우
- **경험으로서의 예술** 존 듀이 | 이재언
- **인설** 주희 | 임헌규
- **인간 불평등 기원론** 장 자크 루소 | 주경복 · 고봉만
- **기적에 관하여** 데이비드 흄 | 이태하
- **논어** 공자의 문도들 엮음 | 조광수
- **행성궤도론** G. W. F. 헤겔 | 박병기
- **성세위언—난세를 향한 고언** 정관잉 | 이화승
- **에밀** 장 자크 루소 | 박호성

책세상문고 · 고전의 세계

- **문화과학과 자연과학** 하인리히 리케르트 | 이상엽
- **황제내경** 황제 | 이창일
- **과진론 · 치안책** 가의 | 허부문
- **도덕의 기초에 관하여** 아르투어 쇼펜하우어 | 김미영
- **남부 문제에 대한 몇 가지 주제들 외** 안토니오 그람시 | 김종법
- **나의 개인주의 외** 나쓰메 소세키 | 김정훈
- **교수취임 연설문** G. W. F. 헤겔 | 서정혁
- **음악적 아름다움에 대하여** 에두아르트 한슬리크 | 이미경
- **자유론** 존 스튜어트 밀 | 서병훈
- **문사통의** 장학성 | 임형석
- **국가론** 장 보댕 | 임승휘
- **간접적인 언어와 침묵의 목소리** 모리스 메를로 퐁티 | 김화자
- **나는 고발한다** 에밀 졸라 | 유기환
- **아름다움과 숭고함의 감정에 관한 고찰** 이마누엘 칸트 | 이재준
- **결정적 논고** 아베로에스 | 이재경
- **동호문답** 이이 | 안외순
- **판단력 비판** 이마누엘 칸트 | 김상현
- **노자** 노자 | 임헌규
- **제3신분이란 무엇인가** E. J. 시에예스 | 박인수
- **여성의 종속** 존 스튜어트 밀 | 서병훈
- **법학을 위한 투쟁** 헤르만 칸토로비츠 | 윤철홍
- **개인숭배와 그 결과들에 대하여** 니키타 세르게예비치 흐루시초프 | 박상철
- **법의 정신** 샤를 루이 드 스콩다 몽테스키외 | 고봉만
- **에티카** 베네딕투스 데 스피노자 | 조현진
- **실험소설 외** 에밀 졸라 | 유기환
- **권리를 위한 투쟁** 루돌프 폰 예링 | 윤철홍
- **사랑이 넘치는 신세계 외** 샤를 푸리에 | 변기찬
- **공리주의** 존 스튜어트 밀 | 서병훈
- **예기 · 악기** 작자 미상 | 한흥섭
- **파놉티콘** 제러미 벤담 | 신건수
- **가족, 사적 소유, 국가의 기원** 프리드리히 엥겔스 | 김경미
- **모나드론 외** G. W. 라이프니츠 | 배선복